Anne Yelland

Mein Baby

Die ersten 18 Monate

Mosaik

Autorin und Verlag danken Laura Wickenden für die wertvolle Mitarbeit.
Sie fertigte fast alle Fotos dieses Buches an. Die übrigen stammen von:
Andrew Sydenham: S. 5, 10, 11, 14, 15, 28, 29, 33, 36, 38, 39
Don Wood/Robert Harding Picture Library: S. 31
Early Learning Centre: S. 56, S. 57 (oben, oben Mitte und unten Mitte), S. 75 (Mitte links)
Iain Bagwell: S. 69
Silver Cross: S. 71
Die Illustrationen wurden angefertigt von Kuo Kang Chen.
Autorin und Verlag danken außerdem: Mark McGee/St John Ambulance

Übersetzung und Produktion der deutschsprachigen Ausgabe:
Dr. Reitter & Partner Verlag GmbH, Vaterstetten

Aus dem Englischen von Peter Haaß

Umschlaggestaltung: Design Team München

Umschlagfoto: Agentur Premium/Gueritot

Druck und Bindung: Printer Portuguesa, Mem Martins

Printed in Portugal / 5 4 3 2 1

ISBN 3-576-13100-0

INHALT

So wird Ihr Baby gut versorgt

So wird Ihr Baby richtig ernährt

Ihr Baby entwickelt sich

So schützen Sie Ihr Baby

Ihr Baby ist krank

Ihr Baby braucht Erste Hilfe

So wird Ihr Baby gut versorgt

In Großfamilien war es normal, daß vor allem Mädchen bei der Betreuung ihrer kleineren Geschwister mithelfen mußten. Heute dagegen haben viele junge Eltern nur wenig Erfahrung mit Babys, die meisten haben noch nie ein Baby 24 Stunden versorgt. Dabei kommt es gerade hier auf eigene Erfahrung an. Es gibt nicht die richtige Methode, z.B. die Windel zu wechseln. Es gibt nur den Weg, der für Sie und Ihr Baby der richtige ist. Zwei Dinge sollten Sie sich vor Augen halten: Babys müssen sanft behandelt werden, aber sie sind weniger zerbrechlich, als es scheint. Und sie wissen nicht, daß Sie noch nie ein Baby versorgt haben.

Das Neugeborene

Direkt nach der Geburt untersucht das medizinische Personal den Gesundheitszustand Ihres Babys. Beurteilt werden Hautfarbe (rosa bis bräunlich, an Fingern und Zehen oder am gesamten Körper bläulich), Herzfrequenz (über bzw. unter 100, nicht fühlbar), Reaktion auf Absaugen des Schleims (Schreien, Grimassen schneiden, keine Reaktion), Muskeltonus oder -aktivität (starke aktive oder spärliche Bewegungen, schlaff) und Atmung (regelmäßig, langsam und unregelmäßig, nicht vorhanden). Für jede Lebensäußerung werden 2, 1 oder 0 Punkte verteilt. Liegt dieser Apgar-Index nach 5 Minuten bei 7, ist das Baby gesund, bei nur 4 Punkten benötigt das Baby umgehend Hilfe.

Kopf und Gesicht
Der Kopf macht beim Neugeborenen etwa 25 Prozent der Körperlänge aus und kann leicht deformiert aussehen. Manchmal hält das Baby die Augen weit geöffnet, sein Blick wandert aufmerksam umher. Dann öffnet und schließt es die Augen in Intervallen.

Haut
Oft weist die Haut noch Reste von „Käseschmiere“ auf, der weißen sahnigen Substanz, die das Baby im Mutterleib umgibt. Die Haut kann auch von „Lanugo“, einem feinen flauschigen Haarkleid, bedeckt sein. In den ersten Lebenswochen ist trockene, schuppige Haut weit verbreitet und durchaus normal.

Hände und Füße
Beide können in der ersten Stunde bläulich verfärbt sein, bis Atmung und Kreislauf des Neugeborenen voll arbeiten. Die Füße sind einwärts gedreht, die Finger zu Fäusten geballt.

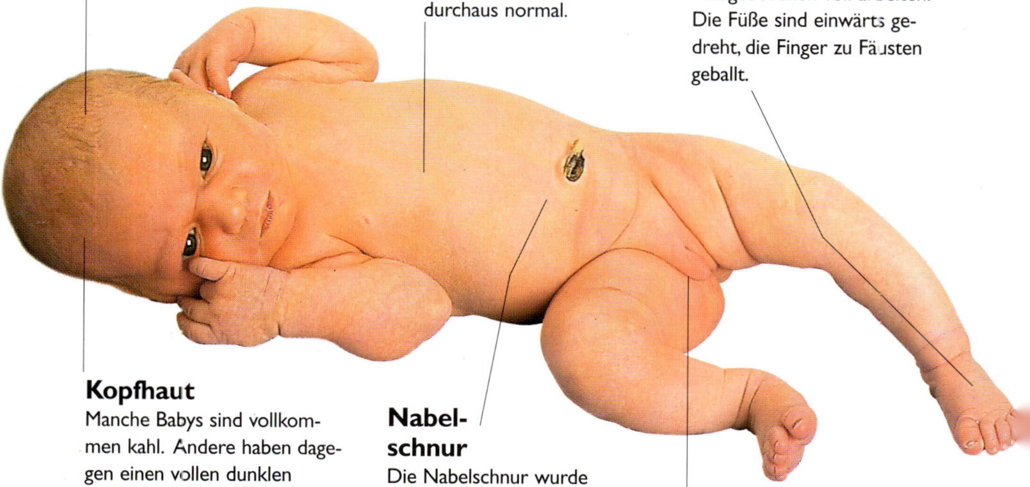

Kopfhaut
Manche Babys sind vollkommen kahl. Andere haben dagegen einen vollen dunklen Flaum, der in den nächsten Monaten ausfällt. Man kann die Fontanelle, eine Knochenspalte im Zentrum des Schädeldaches erkennen und dort ein leichtes Pulsieren wahrnehmen.

Nabelschnur
Die Nabelschnur wurde direkt nach der Geburt abgeklemmt und durchtrennt. Der verbliebene Stumpf fällt nach etwa einer Woche ab.

Genitalien
Bei Mädchen können die äußeren Geschlechtsteile geschwollen sein. Bei Mädchen und Jungen sind die Brustwarzen häufig vergrößert.

REFLEXE

Ein Reflex ist eine unfreiwillige Reaktion auf einen bestimmten Reiz. Die wichtigsten Reflexe des Neugeborenen sind das Suchen (nach der Brust) und das Saugen. Alle Reflexe werden im Krankenhaus getestet. Die meisten verschwinden bis zum 6. Lebensmonat.

SCHREITEN

Wenn Sie Ihr Baby unter den Armen halten, winkelt es, sobald es mit dem Fuß den Boden berührt, das andere Bein an. Dies erinnert an ein zaghaftes Schreiten.

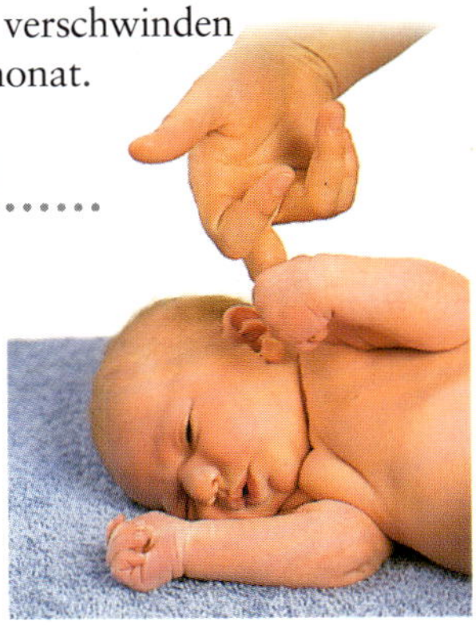

GREIFEN

Wenn Sie mit Ihrem Finger die Handfläche Ihres Babys berühren, schließt es die Finger langsam zu einer festen Faust.

SCHRECKREFLEX

Die Antwort des Babys auf Lärm oder Erschütterung: Bewegung der gestreckten Arme vom Körper weg mit Fingerspreizen und Öffnen des Mundes, gefolgt von gegenläufiger Armbeugung mit Faust- und Mundschluß sowie Rückkehr in die Ausgangslage.

MUTTERMALE

- Storchenmale sind kleine rosafarbene Flecken zwischen den Augenbrauen, über der Nase oder in der hinteren Halsregion. Sie verblassen innerhalb der ersten Lebensjahre.
- Blutschwamm ist rot, liegt über der Hautoberfläche und kann bis (Baby-)faustgroß werden. Da er bis zum Alter von 6 oder 7 Jahren meist verschwindet, wird er nicht behandelt, außer wenn er aufgrund seiner Lokalisation Probleme verursacht.
- Feuermale sind purpurfarben, flach und verschwinden meist nicht von selbst. Beim Kind kann man sie unter Make-up verbergen, ab etwa dem 12. Lebensjahr kann man sie mit Laser entfernen.
- Café-au-lait-Flecken sind flache braune Hautstellen. Sie werden während des Wachstums nicht größer.
- Mongolenflecken sind dunkelblaue Stellen in der Kreuz-Steiß-Gesäß-Gegend. Sie verblassen, verschwinden aber nicht vollständig.

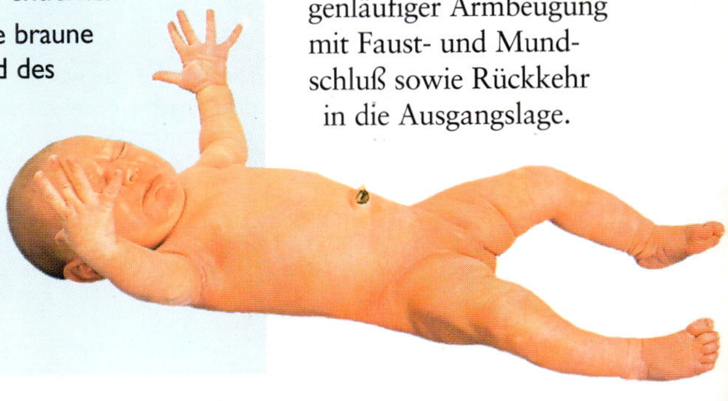

Mit Baby nach Hause

Die ersten Tage zu Hause können hektisch sein. Deshalb sollte man bereits vor der Entbindung alle wichtigen Dinge besorgen. Kaufen Sie aber nicht viel ein, bevor Sie nicht abgeklärt haben, was Sie von Familie und Freunden bekommen. Babys tragen ihre Erstausstattung nur wenig ab, Sie können sie oft so gut wie neu übernehmen. Wichtig ist ein korrekt befestigter, der Größe und dem Gewicht Ihres Babys angepaßter Autokindersitz für die Fahrt nach Hause. Wenn Sie im Krankenhaus noch keine eigene Kleidung für das Baby dabeihatten, sollte Ihr Partner Unterhemd, Strampelanzug, Jäckchen und Mütze mitbringen.

DIE MINDESTAUSSTATTUNG

- 5 Strampelanzüge
- 5 Unterhemden oder Bodys
- 3 Jacken und 1 Schal
- Im Winter 1 warme Mütze, im Sommer 1 Sonnenhut

Wählen Sie praktische Ausführungen, die das Wickeln nicht unnötig erschweren. Achten Sie darauf, daß die Kleidung farbecht ist sowie in der Maschine gewaschen und im Trockner getrocknet werden kann (s. S. 13).

FÜR DIE SAUBERKEIT

- 2 weiche Handtücher mit/ohne Kapuze
- 2 weiche Waschlappen für das Gesicht
- Kamm und weiche Haarbürste
- Baby-Nagelschere mit abgerundeten Enden für mehr Sicherheit
- Windelvorrat (s. S. 20–23)
- Wattetupfer bzw. -bällchen
- Babycreme

ZUM FÜTTERN

- 2 Stillbüstenhalter
- Stilleinlagen

Bei Flaschenfütterung:

- 6 Flaschen, Sauger
- Flaschenbürste
- Sterilisierzubehör

ZUM SCHLAFEN

- Wiege oder Kinderbett mit Matratze
- 2 wasserdichte Einlagen
- 4 Spannlaken
- 2 Babydecken
- Daunenkissen

UNTERWEGS

- Kinderwagen
- 4 Laken
- 2 Decken
- Autokindersitz
- Bauchtrage

ANDERE NÜTZLICHE DINGE

- Gepolsterte Wickelunterlage
- Baby-Badewanne
- Wickeltasche
- Schalensitz (die Autositze für Babys lassen sich meist auch als „Schaukeln" verwenden; wählen Sie ein Modell, das leichtes Schaukeln ermöglicht)
- Alte Handtücher oder spezielle Stoffwindeln als „Sabberschutz"

BABYS & HAUSTIERE

Bereiten Sie Ihr Haustier gut auf die Ankunft des Babys vor.

- Wenn das Tier in Ihrem Zimmer oder auf Ihrem Bett schläft, ist das von nun an nicht mehr möglich.
- Lassen Sie Ihr Tier auf Infektionen, Flöhe und Wurmbefall untersuchen und ggf. behandeln.
- Kaufen Sie ein Netz zum Abdecken des Kinderbettes.
- Gewöhnen Sie, falls möglich, Ihr Tier an den Umgang mit Babys.

ÄLTERE KINDER

Ältere Geschwister sehen dem Neuankömmling meist mit gemischten Gefühlen entgegen. Sie können aber einiges tun, um die Weichen für einen möglichst guten Start zu stellen.

- Das ältere Kind sollte unbedingt mit zur Klinik kommen, damit Sie alle gemeinsam nach Hause fahren können.
- Halten Sie ein Geschenk für das ältere Kind „vom Baby" und ein kleines Geschenk für das Baby vom älteren Kind bereit.
- Gehen Sie mit Ihren Besuchern nicht so schnell wie möglich zum neuen Baby, sondern lassen Sie sie erst wie gewohnt mit dem älteren Kind sprechen. Es ist auch eine gute Idee, daß die älteren Geschwister die Besucher zum Baby führen.
- Wenn viele Geschenke für das Baby eintreffen, sorgen Sie dafür, daß jemand auch etwas für das ältere Kind mitbringt.
- Versuchen Sie herauszufinden, was Ihr älteres Kind fühlt und will.
- Nehmen Sie sich Zeit für Ihr älteres Kind und verändern Sie seinen gewohnten Tagesablauf so wenig wie möglich. Denken Sie daran, wie lange Neugeborene schlafen, und nutzen Sie diese Zeit.

Umgang mit dem Baby

Babys müssen mit Vorsicht behandelt werden, auch wenn sie robuster sind, als viele neue Eltern glauben. Sie müssen die meiste Zeit ihrer Wachphasen umsorgt werden, also gefüttert, gewickelt, gesäubert, gebadet, gehätschelt und getröstet. Das Geheimnis heißt Vertrauen. Ein Baby, das Ihre Unsicherheit beim Hochnehmen bemerkt, wird ängstlich darauf warten, was als nächstes geschieht. Eines, das sicher in Ihren Armen ruht, wird sich dagegen warm und geschützt fühlen.
Sprechen Sie beim Hochnehmen leise mit dem Baby, machen Sie beruhigende Geräusche.

DAS HOCHNEHMEN AUS RÜCKENLAGE

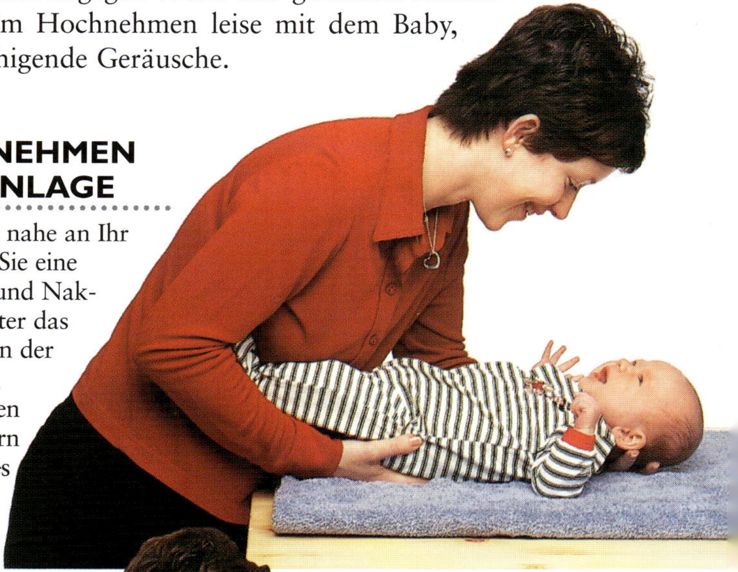

1 Lehnen Sie sich nahe an Ihr Baby, schieben Sie eine Hand unter Kopf und Nacken, die andere unter das Gesäß (egal, ob von der Seite aus oder zwischen den Beinen hindurch). Verlagern Sie das Gewicht des Babys auf Ihre Hände, sehen Sie es an und sprechen Sie mit ihm.

2 Richten Sie sich langsam auf und ziehen Sie Ihr Baby näher an sich heran. Drehen Sie es dabei etwas, bis es parallel zu Ihrer Brust liegt.
Unterstützen Sie weiter Kopf und Nacken mit einer Hand.

3 Knapp unterhalb Ihrer Brusthöhe beginnen Sie das Baby näher an Ihren Körper heranzuführen. Bewegen Sie die den Kopf unterstützende Hand am Rücken des Babys entlang, bis der Kopf auf Ihrem Unterarm liegt.

4 Führen Sie den Arm weiter um das Baby herum nach unten, bis es eingeschmiegt in Ihrer Armbeuge liegt. Verschränken Sie die Hände für mehr Sicherheit. In den ersten Lebenswochen entspricht in dieser Stellung der Abstand Ihres Gesichts von dem des Babys etwa der Zone, in der das Baby schon genau sehen kann.

DAS BABY HINLEGEN

- Neueren Forschungen zufolge wird das Risiko des plötzlichen Kindstodes verringert, wenn das Baby auf dem Rücken schläft: Halten Sie Kopf und Hals mit der einen, das Gesäß mit der anderen Hand. Bewegen Sie seinen Körper langsam von Ihrem eigenen weg.
- Drehen Sie das Gesäß langsam herum, bis Ihr Baby parallel zu der Fläche zeigt, auf die Sie es legen wollen. Lassen Sie es langsam ab, das Gesäß voraus. Unterstützen Sie dabei weiterhin Kopf und Hals. Behalten Sie Augenkontakt mit dem Baby.
- Entfernen Sie die Hand unter dem Gesäß. Wenn Ihr Baby zufrieden ist, ziehen Sie Ihre andere Hand vorsichtig unter dem Kopf hervor. Beachten Sie, daß Sie sein Gesicht nicht zur Seite drehen.

ANDERE MÖGLICHKEITEN, EIN BABY ZU HALTEN

- Einige Babys werden gerne mit dem Gesicht nach unten in die Armbeuge eingekuschelt gehalten. Der Unterarm unterstützt dabei die Brust. Die andere Hand unterstützt zwischen den Beinen hindurch den Bauch.
- Wenn Hals- und Nackenmuskulatur Ihres Babys stärker werden und ihm das Kontrollieren seines Kopfes ermöglichen, sitzt es gerne auf Ihrer Hüfte und genießt das erweiterte Blickfeld.

Das Baby anziehen

Die meisten Babys mögen keine kühle Luft auf der Haut und verabscheuen alles, was über ihren Kopf gezogen wird. Da sie ihre Gliedmaßen noch nicht kontrollieren können, bewegen sie Arme und Beine ziellos, was das Anziehen anfangs erschwert. Nasse oder übelriechende Kleidung müssen Sie dem Baby natürlich ausziehen, gelegentliches Sabbern erfordert aber nicht sofortiges Wechseln der Kleidung.

Vor dem Anziehen legen Sie die Kleidung mit geöffneten Knöpfen etc. parat. Legen Sie das Baby auf eine ebene Fläche. Wenn Sie es nicht auf dem Fußboden anziehen, halten Sie es immer mit einer Hand sanft fest.

BODYS UND STRAMPELANZÜGE

Schieben Sie die hintere Seite des Bodys unter den Kopf des Babys und ziehen Sie das Vorderteil sanft über den Kopf. Heben Sie das Köpfchen an und streifen Sie das Rückenteil bis auf Schulterhöhe. Stecken Sie Ihre Hand in einen der Ärmel und führen Sie mit der anderen Hand Faust und Arm des Babys hindurch.

2 Fädeln Sie den anderen Arm ein und ziehen Sie das Vorderteil über den Bauch. Heben Sie die Beine etwas an, ziehen Sie das Rückenteil herunter und verknüpfen Sie die beiden Teile.

3 Legen Sie das Baby auf den Strampelanzug und stecken Sie ein Bein in die Beinöffnung. Die Zehen müssen im Fußteil sein.

4 Stecken Sie Ihre Hand von außen in einen der Ärmel und führen Sie den Arm des Babys mit Ihrer anderen Hand entgegen. Nun das gleiche auf der anderen Seite. Ziehen Sie die beiden Seiten des Stramplers zusammen und schließen Sie die Knöpfe.

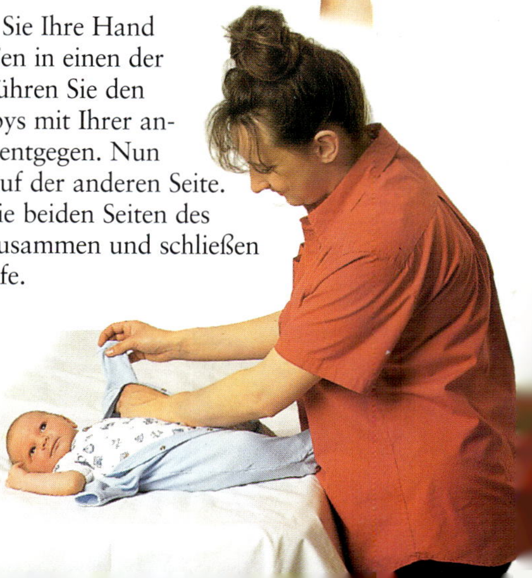

I

ZU HEISS ODER ZU KALT

■ Neugeborene verfügen noch nicht über eine ausreichende Temperaturregulierung. In den ersten Lebenswochen müssen also Sie entscheiden, ob es Ihrem Kind zu warm oder zu kalt ist, und dementsprechend handeln. Allgemein gilt, daß das Baby eine Kleidungsschicht mehr benötigt als Sie selbst.

■ Wenn die Haut des Babys gerötet ist oder es sich heiß anfühlt (fühlen Sie den Nacken), ist ihm vielleicht zu warm. Wenn es ungewöhnlich blaß ist, teilnahmslos wirkt oder sich kalt anfühlt (am besten den Nacken fühlen – bei kaltem Wind fühlt sich das Gesicht kühl an, der restliche Körper dagegen normal), ist vielleicht zusätzliche Kleidung notwendig.

■ Ziehen Sie ihm die Kleidung für draußen aus, wenn Sie ins Haus gehen (auch wenn es schläft), um Überhitzung zu vermeiden. Nachts ziehen Sie ihm soviel an, wie Sie selbst zum Schlafen tragen.

KLEIDERWAHL

■ Kleidungsstücke müssen einfach an- und auszuziehen sein. Vermeiden Sie alles, was beim Wickeln mehr oder weniger ganz entfernt werden muß.

■ Knöpfbare Unterhemden sind eine Alternative zu Bodys. Damit umgehen Sie zwar das „Über-den-Kopf-Ziehen“, allerdings rutschen Unterhemden mit der Zeit leicht nach oben. Auch sieht an warmen Tagen, wenn die meisten Babys nur eine Kleiderschicht tragen müssen, ein Body viel niedlicher aus als ein Unterhemd und eine Windel.

■ Verwenden Sie keine aggressiven Waschmittel, die die Haut Ihres Babys reizen können. Prüfen Sie die Innenseite von Unterhemd oder Body mit Ihrer Wange. Fühlt sie sich rauh an, wird sie vielleicht auch die Haut Ihres Babys reizen.

■ Verschlüsse dürfen nicht an Stellen angebracht sein, wo sie stören, z.B. Reißverschlüsse am Rücken oder Knöpfe zu nah unter dem Kinn.

■ Verzichten Sie auf Verschlußbändchen oder Spitzenbesatz, in denen sich ein winziger Finger verfangen kann.

So waschen Sie Ihr Baby

Das Baby muß nicht täglich gebadet werden. Kleine Babys mögen es nicht besonders, und bevor sie nicht zu krabbeln anfangen, haben sie wenig Gelegenheit, sich schmutzig zu machen. Abgesehen vom Windelbereich (s. S. 16–17) müssen Sie nur Hände, Gesicht, Hals und Füße säubern. Halten Sie eine Schüssel mit warmem Wasser und mehrere Wattetupfer bereit. Trocknen Sie die Haut mit einem Handtuch oder mit Watteböllchen. Sie benötigen weder Seife – sie trocknet die Haut nur aus – noch Puder, der bei manchen Babys Atemprobleme hervorrufen kann. Sorgen Sie für einen warmen Raum.

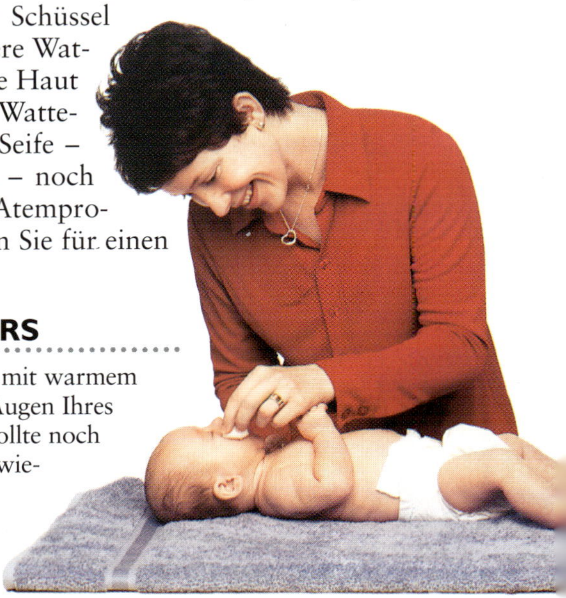

WASCHEN DES KÖRPERS

1 Feuchten Sie einen Wattebausch mit warmem Wasser an und wischen Sie die Augen Ihres Babys von außen nach innen aus. Sollte noch getrockneter Schleim sichtbar sein, wiederholen Sie das Ganze mit einem frischen Bausch. Wischen Sie auch rund um die Ohren, aber nicht innen. Stecken Sie dem Baby nie etwas ins Ohr.

2 Wischen Sie Schleimreste von der Nase ab, aber nur außen, nicht in den Nasenlöchern. Anschließend entfernen Sie Milch- und Sabberspuren rund um den Mund. Danach säubern Sie Wange und Stirn.

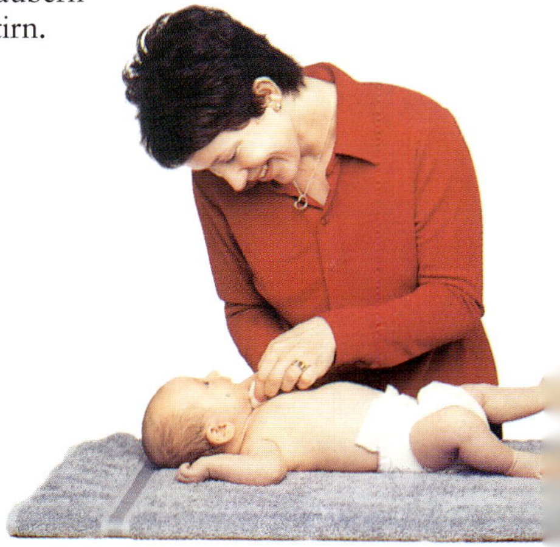

3 Die Falten am Hals müssen nach dem Waschen gut trocknen, sonst entstehen leicht Entzündungen. Säubern Sie Ihr Baby jetzt unter den Armen.

FINGER- UND FUSSNÄGEL SCHNEIDEN

- Benutzen Sie eine Babynagelschere (mit runden Enden) oder einen Nagelclip. Solange Ihr Baby klein ist, lassen sich die Nägel meist besser nach dem Baden schneiden, da sie dann weich sind. Manche Mütter schneiden sie lieber, wenn das Baby schläft.
- Folgen Sie beim Schneiden der Fingernägel der Form der Fingerkuppen. Die Fußnägel können Sie gerade abschneiden. Sie wachsen langsamer und kratzen weniger leicht.
- Sie sind nicht die erste – Sie werden auch nicht die letzte sein –, die ihr Baby versehentlich in Finger oder Zehe schneidet. Tupfen Sie das Blut ab und nehmen Sie Ihr Kind auf den Arm. Wenn Sie die Situation nicht dramatisieren, wird es bald vergessen sein.
- Vielleicht ist es für Sie einfacher, die Fingernägel Ihres Babys nach einem Bad abzubeißen, vor allem, wenn Sie Angst haben, das Baby mit einer Schere zu verletzen.
- Bei einem älteren Baby ist es eventuell einfacher, die Nägel zu schneiden, während es auf Ihrem Schoß sitzt.
- Wenn Ihr Baby häufig sein Gesicht zerkratzt oder eine trockene, schuppige Haut hat, die von den Fingernägeln leicht gereizt wird, können Sie weiche Baumwollfäustlinge kaufen. Sie verhindern das versehentliche Kratzen bei Bewegungen der Arme.

4 Öffnen Sie die Faust des Babys und wischen Sie über Handfläche und -rücken. Säubern Sie die Füße. Prüfen Sie Finger- und Fußnägel auf Länge und scharfe Kanten. Durch unzureichende Muskelkoordination können sich Babys mit zu langen Nägeln leicht kratzen.

SAUBERKEIT

Durch besondere Aufmerksamkeit beim Waschen von Nabelstumpf und Windelbereich können Reizungen und Entzündungen verhindert werden. Sie werden vermutlich mehr Zeit für die Pflege des Genitalbereichs Ihres Babys aufwenden als für jeden anderen Körperteil. Versuchen Sie niemals, bei einem Mädchen das Innere der Vulva zu säubern bzw. bei einem Jungen die Vorhaut zurückzustreifen. Sie brauchen eine Schüssel mit warmem Wasser und viele Wattetupfer, einen frischen für jede Körperregion. Wenn Ihr Baby etwas älter ist, können Sie feuchte Fertigwischtücher für die Pflege verwenden. Für die empfindliche Haut des Neugeborenen sind diese jedoch zu rauh. Waschen und trocknen Sie Ihre Hände, bevor Sie beginnen.

REINIGEN DES NABELSTUMPFS

Die Überreste der Nabelschnur schrumpfen ein und fallen etwa eine Woche nach der Geburt ab. Halten Sie diesen Bereich während dieser Zeit trocken. Frische Luft beschleunigt den Heilungsprozeß; bedecken Sie die Wunde also nicht mit einer Windel oder einer Plastikhose. Ist die Wunde naß geworden, tupfen Sie sie sorgfältig trocken. Rufen Sie Ihren Arzt, sobald der Stumpf blutet, eitert oder die Umgebung rot oder geschwollen ist.

TROCKENHALTEN

Abtupfen mit einem gepuderten Wattetupfer beschleunigt Trocknen und Einschrumpfen.

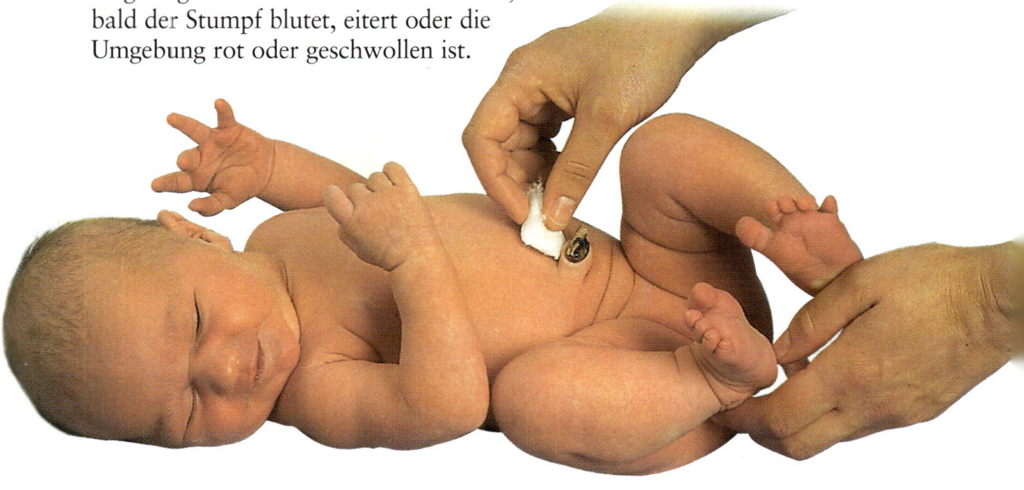

NABELWUNDE REINIGEN

Sicher wird man Ihnen zeigen, wie Sie die Nabelwunde reinigen sollen. Wischen Sie mit einem Wattetupfer um den Stumpf herum und tupfen Sie ihn mit einem frischen trocken.

TÄGLICHE PFLEGE

Ist der Stumpf abgefallen, den Bereich täglich mit einem in warmem Wasser angefeuchteten Wattetupfer abwischen und trocknen.

DEN WINDELBEREICH SÄUBERN

1 Öffnen Sie die Windel vorsichtig und benutzen Sie sie, wenn das Baby schmutzig ist, zum Abwischen.

2 Befeuchten Sie einen Wattebausch und wischen Sie über den Bauch des Babys. Mit einem zweiten Bausch säubern Sie die Falten am oberen Ende der Oberschenkel (die Beine strecken). Trocknen Sie die Falten gründlich.

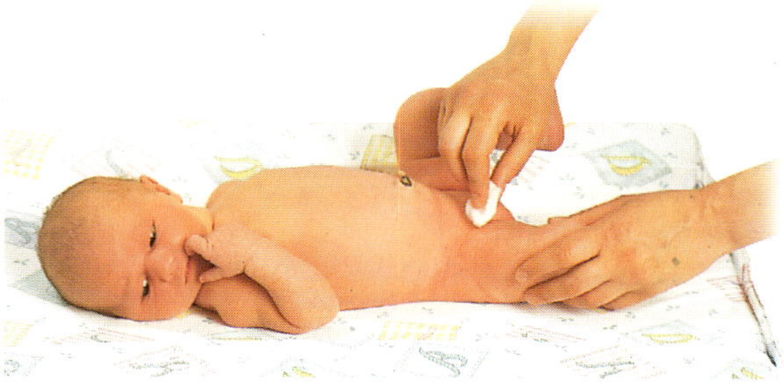

3 Säubern Sie den Penis immer vom Körper weg, dann die Region um den Hodensack. Heben Sie beim Mädchen die Beine und inspizieren Sie die Vulva. Wischen Sie von vorn nach hinten (geringere Gefahr, eine Infektion vom After in die Scheide zu verschleppen). Säubern Sie die Analregion mit einer frischen Watte, dann die untere Rückenpartie, die Rückseiten der Oberschenkel.

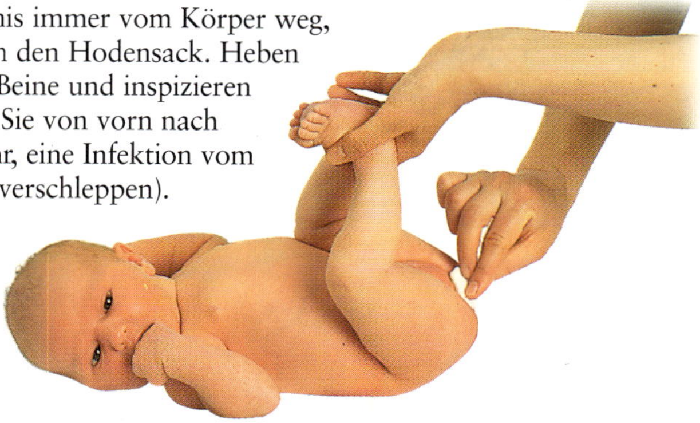

BESCHNEIDUNG

Meist aus religiösen oder kulturellen Gründen lassen manche Eltern die Vorhaut ihres Sohnes entfernen. Normalerweise heilt die Wunde in einer Woche ab. Rufen Sie Ihren Arzt, wenn der Penis Ihres Babys sich rot verfärbt, anschwillt oder die Wunde eitert. Eine Infektion könnte die Ursache sein.

Wenn Ihr Baby beschnitten ist, wird man Ihnen raten, es nicht zu baden, bevor die Wunde nicht verheilt ist. Legen Sie bei jedem Wickeln einen vaselinegetränkten Gazestreifen über die Wunde, um sie vor dem Kontakt mit Urin zu schützen.

Das Baby baden

In den ersten Wochen kann das Baden gemischte Gefühle bei Ihnen und Ihrem Baby auslösen. Mitunter ist es auch schwierig, einen geeigneten Zeitpunkt zum Baden zu finden: Entweder schläft das Baby, es hat Hunger, oder es wurde gerade gefüttert. Sie müssen Ihr Baby nicht jeden Tag baden, und es genügt auch, die Haare einmal pro Woche zu waschen. Sie können das Baby von Anfang an in Ihrer Badewanne baden. Natürlich können Sie auch gemeinsam mit ihm baden; stellen Sie aber sicher, daß das Badewasser für Ihr Baby und nicht für Sie selbst die richtige Temperatur hat.

Halten Sie ein großes Handtuch bereit. Lassen Sie das Wasser in die Wanne laufen und geben Sie etwas Babybad dazu. Prüfen Sie das Wasser mit Ihrem Ellenbogen oder einem Thermometer – 35–37 °C sind gerade richtig.

TRAGBARE BADEWANNE

Eine tragbare Wanne bietet den Vorteil, daß Sie sich für das Baden ein warmes Zimmer und die richtige Höhe für Ihren Rücken aussuchen können.

1 Ziehen Sie das Baby aus. Stützen Sie mit einer Hand den Kopf, mit der anderen das Gesäß, und lassen Sie das Baby langsam ins Wasser. Wenn es sich entspannt hat, können Sie die Hand unter dem Po entfernen und vorsichtig Badewasser über seinen Kopf geben, bis das Baby naß ist. (Ein Neugeborenes lassen Sie in ein Handtuch eingewickelt, während Sie ihm die Haare waschen. Trocknen Sie die Haare, bevor Sie es baden.)

2 Spritzen Sie mit Ihrer freien Hand vorsichtig Wasser über Brust und Bauch des Babys. Stützen Sie immer den Kopf, auch wenn Sie das Baby nach vorne neigen, um den Rücken zu waschen.

3 Sprechen Sie mit Ihrem Baby und lächeln Sie es an. Wahrscheinlich genießt es das Gefühl, etwas anderes auf seiner Haut zu spüren. Spritzen Sie kein Wasser ins Gesicht. Waschen Sie Po und Füße. Lassen Sie das Baby eine Zeitlang mit den Beinen strampeln, wenn es ihm gefällt.

4 Schieben Sie Ihre Hand unter das Gesäß und heben Sie das Baby vorsichtig auf das Handtuch. Wickeln Sie es ein, nehmen Sie es auf den Arm und tupfen (besser als rubbeln) es trocken. Alle Hautfalten sollten trocken sein, ehe es angezogen wird.

SICHERES BADEN

- Füllen Sie kaltes Wasser in die Wanne, geben Sie dann warmes dazu. Plastikwannen halten die Wärme und können noch heiß sein, obwohl das Wasser schon abgekühlt ist.
- Halten Sie das Baby immer gut fest. Auch wenn es sicher sitzen kann, haben Sie immer eine Hand in seiner Nähe.
- Lassen Sie ein Kind nie alleine im Bad, auch nicht für eine Sekunde. Schalten Sie den Anrufbeantworter ein und lassen Sie die Türglocke einfach läuten.
- Hat Ihre Badewanne ein Gestell, so achten Sie darauf, daß es waagerecht und sicher steht. Prüfen Sie, ob es kippen kann, bevor Sie das Baby baden.
- Eine Gummimatte auf dem Boden der Badewanne vermindert die Rutschgefahr.

Welche Windeln?

Für die meisten Eltern stellt die Wahl der Windel einen Kompromiß aus Handhabung, Bequemlichkeit und Kosten dar. Immer häufiger spielen auch ökologische Erwägungen eine Rolle (s. Tab. rechts). Bedenken Sie beim Windelkauf, daß Sie oder Ihr Partner die Windeln Ihres Babys etwa 4.000mal wechseln müssen, bis es sauber und trocken ist.

Wegwerfwindeln werden am häufigsten benutzt. Sie werden aus Recyclingpapier hergestellt und sind in allen Größen erhältlich. Herkömmliche Stoffwindeln sind aus Baumwolle und müssen nach jedem Gebrauch gewaschen und getrocknet werden. In manchen Regionen gibt es hierfür einen speziellen Windelservice. Er bringt jede Woche einen Vorrat an frischen Windeln sowie einen Behälter und nimmt den Behälter mit den gebrauchten wieder mit. So handeln Sie ökologisch, ohne die tägliche Mühe des Waschens und Trocknens auf sich nehmen zu müssen. Windelhöschen sind ähnlich geformt wie Wegwerfwindeln, vereinen aber die Vorteile von Wegwerf- und Stoffwindeln. Manche Eltern benutzen normalerweise Stoffwindeln oder Windelhöschen, weichen aber manchmal, etwa auf Reisen, auf Wegwerfwindeln aus.

STOFFWINDELN FALTEN

Einige Stoffwindeln bekommen Sie heute schon vorgefaltet. Ansonsten empfiehlt sich die Drachenfaltung.

1 Legen Sie die Windel auf eine glatte Fläche. Falten Sie beide Seiten so zur Mitte, daß eine Drachenform entsteht.

2 Falten Sie die obere Spitze so zur Mitte, daß ein Dreieck entsteht.

3 Falten Sie die untere Spitze so weit zur Mitte, wie es der Größe Ihres Babys entspricht. Schieben Sie die obere Seite der Windel bis zur Taille unter das Baby. Schlagen Sie die Windel zwischen den Beinen hoch. Befestigen Sie sie mit Sicherheitsnadeln.

WEGWERFWINDELN

Vorteile

- Kein Waschen und Trocknen.
- Anfangs kein großer finanzieller Einsatz.
- Sie benötigen keine zusätzlichen Hilfsmittel.
- Ideal, wenn Sie unterwegs sind.
- Viele Modelle sind ultradünn, tragen wenig auf und lassen das Baby niedlich aussehen.
- Stets gute Paßform.

Nachteile

- Sie müssen vielleicht verschiedene Marken ausprobieren, bis Sie die passende finden.
- Diese Windeln sind auf Dauer teuer.
- Wegwerfwindeln landen im Hausmüll und belasten die Umwelt. Auf Deponien abgelagert, könnten sie eventuell die Grundwasserqualität beeinträchtigen.
- Hoher Aufwand an Rohstoffen und Energie bei den einzelnen Herstellungsschritten und beim Transport.

STOFFWINDELN

Vorteile

- Umweltfreundlich trotz häufigen Waschens und Trocknens.
- Wirtschaftlich, da sie beim nächsten Kind wiederverwendet werden können.
- Weicher als Wegwerfwindeln.

Nachteile

- Anfangs großer finanzieller Einsatz.
- Arbeitsaufwand und Umweltbelastung durch häufiges Spülen, Waschen und Trocknen.
- Sie müssen zusätzlich Windeleinlagen, Plastikhöschen und Sicherheitsnadeln kaufen. Plastikhöschen fördern ein warmes, feuchtes Milieu und begünstigen damit das Wundwerden.
- Sie tragen sehr stark auf.

WINDELHÖSCHEN

Vorteile

- Umweltfreundlich.
- Sie tragen weniger auf als Stoffwindeln.
- Sie brauchen sie nicht zu falten. Da meist ein Klettverschluß vorhanden ist, besteht keine Gefahr, Ihr Baby mit einer Sicherheitsnadel zu verletzen.
- Sie können sie für ein zweites Kind wiederverwenden.

Nachteile

- Sie sind teuer und verlangen anfangs einen hohen finanziellen Einsatz.
- Sie sind am wenigsten saugfähig.
- Sie müssen gespült, gewaschen und getrocknet werden (Arbeitsaufwand und Umweltbelastung!).
- Sie benötigen Windeleinlagen und Plastikhöschen (was wiederum Wundwerden begünstigt).

DAS WICKELN

In den ersten Lebenswochen müssen Sie Ihr Baby vermutlich mindestens sechs-, oft aber auch mehr als zehnmal in 24 Stunden wickeln. Zwar ist es nicht notwendig, leicht feuchte Windeln zu wechseln, aber Sie sollten Ihr Baby wickeln, sobald es schmutzig ist, sowie vor oder nach jeder Mahlzeit. Durch häufiges Wickeln gelangt oft Frischluft an den Po. Dies ist die beste Voraussetzung, um dem Wundwerden vorzubeugen. Betrachten Sie das Wickeln nicht als lästige Pflicht. Hängen Sie ein Mobile als Blickfang über dem Wickeltisch auf und sprechen Sie beim Wickeln mit Ihrem Baby.

WEGWERFWINDELN ANZIEHEN

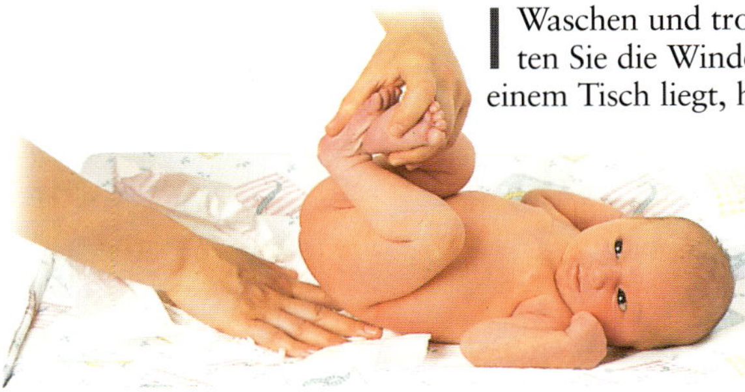

1 Waschen und trocknen Sie Ihre Hände. Falten Sie die Windel auf. Wenn Ihr Baby auf einem Tisch liegt, halten Sie es immer mit einer Hand fest. Heben Sie die Beine an den Knöcheln weit genug an und schieben Sie die Windel unter den Po.

2 Legen Sie die Beine ab und schlagen Sie den unteren Teil der Windel zwischen den Beinen hoch zur Taille. Richten Sie bei einem Jungen den Penis nach unten. Sie verringern so das Risiko, daß er einen nassen Bauch bekommt.

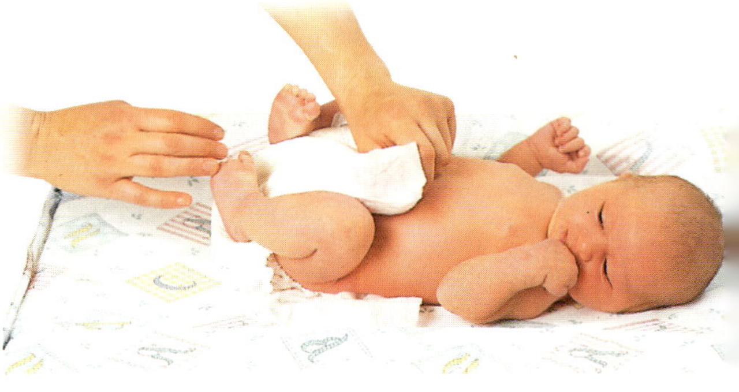

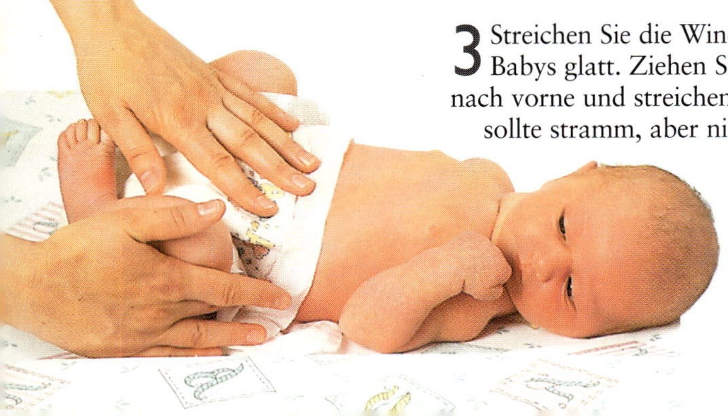

3 Streichen Sie die Windel über dem Bauch Ihres Babys glatt. Ziehen Sie die Klebeverschlüsse nach vorne und streichen Sie sie fest. Die Windel sollte stramm, aber nicht zu fest sitzen. Wenn Sie Creme im Po-Bereich auftragen, wischen Sie Ihre Hände ab, bevor Sie die Verschlüsse der Windel berühren – sie verlieren sonst ihre Klebekraft.

MIT STOFFWINDELN UMGEHEN

- Sie benötigen zwei Behälter, am besten von unterschiedlicher Farbe: einen für nasse Windeln und einen für schmutzige. Die Windeln müssen mindestens sechs Stunden lang in der Desinfektionslösung weichen. Benutzen Sie Gummihandschuhe oder eine Zange.
- Spülen Sie nasse Windeln unter dem Wasserhahn durch, wringen Sie sie aus und geben Sie sie in die Lösung. Spülen Sie die Windeln danach in heißem Wasser gut aus – per Hand oder in der Waschmaschine – und trocknen Sie sie.
- Säubern Sie schmutzige Windeln vor dem Einweichen in der Desinfektionslösung. Nach dem Desinfizieren werden sie heiß gewaschen und zweimal gespült, um die Reste von Desinfektions- und Waschmitteln sicher zu entfernen.

WEGWERFWINDELN WECHSELN

1 Öffnen Sie die Klebeverschlüsse. Sehen Sie nach, ob die Windel schmutzig ist. Wenn ja, nehmen Sie sie, um den gröbsten Schmutz zu entfernen. Ziehen Sie die Windel heraus und säubern Sie den Po Ihres Babys (s. S. 16–17).

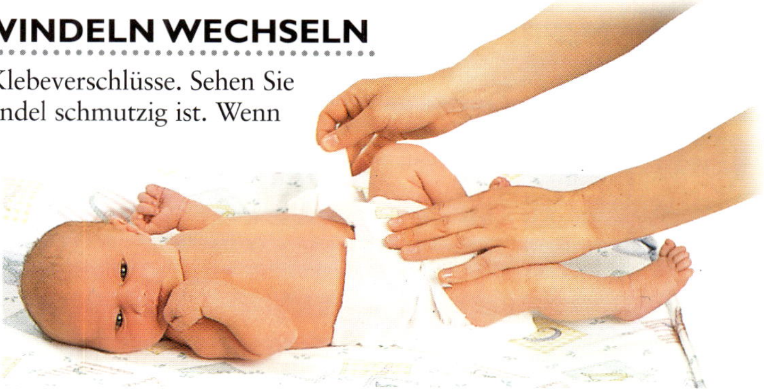

ERZIEHUNG ZUR SAUBERKEIT

Es hat sich bei Eltern eingebürgert, ihr Kind schon vor Beendigung des ersten Lebensjahres aufs Töpfchen zu setzen. Kinder erlangen die notwendige Muskelkontrolle jedoch erst mit etwa 18 Monaten.

Der Versuch, Ihr Baby schon vor diesem Alter an den Topf zu gewöhnen, kann den Prozeß sogar verzögern, nämlich dann, wenn der Topf zu einem angst machenden Objekt wird. Warten Sie also lieber, bis Ihr Kind Ihnen signalisiert, daß es dazu bereit ist:

- Wenn es merkt, daß es die Windel naß oder schmutzig gemacht hat oder im Begriff ist, es zu tun.
- Wenn einige Stunden vergehen, bis die Windel wieder naß ist.
- Wenn es die Hose ohne Schwierigkeiten rauf- und runterziehen kann.

2 Rollen Sie die Windel zusammen und werfen Sie sie in einen Plastikmüllbeutel. Aus Umweltgründen sollten Sie einen großen Beutel für mehrere Windeln verwenden.

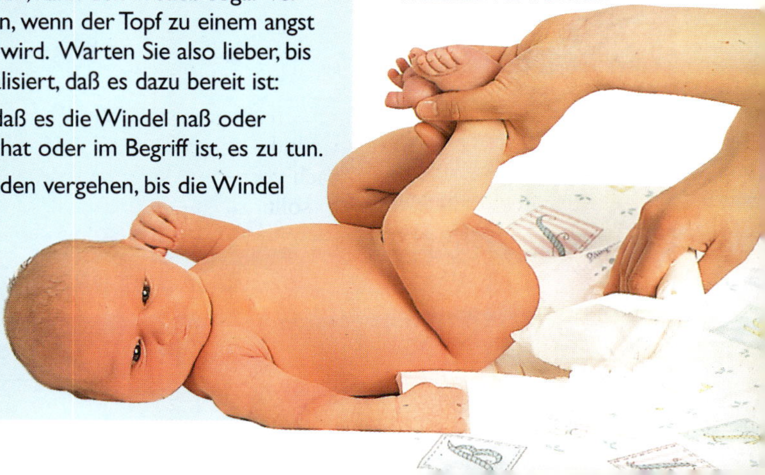

Schlafen

Anfangs wird Ihr Baby schlafen, wann und solange es will. Neugeborene erwachen meist, wenn sie Hunger haben, frieren oder sich aus irgendeinem Grund nicht wohl fühlen. Sie können den Schlafrhythmus anfangs kaum beeinflussen. Haushaltsgeräusche wecken das Baby nicht auf, Sie brauchen sich also nicht auf Zehenspitzen zu bewegen. Die meisten Babys lernen mit der Zeit, zwischen Tag und Nacht zu unterscheiden, und verlegen ihre längste Schlafperiode in die Nacht. Sie können diesen Prozeß unterstützen, indem Sie den Unterschied zwischen einem Nickerchen tagsüber und dem längeren Nachtschlaf deutlich machen. Abends legen Sie Ihr Baby dorthin, wo es über Nacht bleiben soll. Gestalten Sie den Abend anders als den Tag, etwa durch Baden, Anziehen eines Schlafanzuges oder eine letzte Mahlzeit im Schlafzimmer. Sorgen Sie für wenig Betriebsamkeit am Abend und geben Sie Ihrem Baby, wenn es nachts aufwacht, nur eine Mahlzeit. Spielen sie dann nicht mit ihm, damit es lernt, daß die Nächte zum Schlafen da sind und die Tage zum Spielen.

Das Schlafengehen

1 Wenn Sie die abendlichen Rituale beendet haben, nehmen Sie Ihr Baby ein letztes Mal in den Arm und sagen ihm „Gute Nacht“

2 Legen Sie es auf den Rücken; dies verringert das Risiko des plötzlichen Kindstodes.

3 Decken Sie Ihr Baby mit leichtem Bettzeug zu. Schalten Sie ein Überwachungsgerät an. Verlassen Sie den Raum.

4 Ihr Baby quengelt vielleicht noch für einige Minuten. Wenn es sich aber nicht wirklich aufregt, sollten Sie nicht mehr zu ihm gehen.

ALPTRÄUME

Es ist für Babys im 1. Lebensjahr und auch noch darüber hinaus nicht ungewöhnlich, nachts aufzuwachen. Außer wenn sie Hunger haben (was nach dem 6. Lebensmonat weniger wahrscheinlich ist), schlafen sie oft von selbst wieder ein. Erst gegen Ende des 2. Lebensjahres wachen Kinder zuweilen angsterfüllt aus einem Alptraum auf. Am besten gehen Sie dann so schnell wie möglich zu Ihrem Kind, bevor es vollkommen verstört ist. Es läßt sich dann auch leichter beruhigen.

Natürlich löst dies nicht das zugrundeliegende Problem: Was macht Ihr Kind so angespannt oder ängstlich, daß es so schlecht träumt? Wenn Sie die Ursache herausfinden und ausschalten können, haben Sie das Problem gelöst.

- Ist ein neues Baby der Grund?
- Ist sein Tagesablauf gestört?
- Ist es krank gewesen?
- Haben Sie etwas Neues eingeführt, etwa ein Töpfchen, oder etwas Liebgewonnenes abgeschafft, z.B. das abendliche Stillen?

Wenn Ihr Baby älter wird, können Sie ein Bilderbuch oder eine Geschichte in Ihr Abendritual einbauen. Legen Sie kleine weiche Spielzeuge ins Kinderbett, damit es sich, wenn es aufwacht, für kurze Zeit selbst beschäftigen kann.

WO SOLL IHR BABY SCHLAFEN?

- Ihr Baby kann bei Ihnen im Bett, in einem Kinderbett gleich daneben oder in seinem eigenen Zimmer schlafen. Es ist in Ihrem Bett absolut sicher aufgehoben, solange nicht Sie oder Ihr Partner Alkohol oder Drogen (einschließlich Schlaftabletten) zu sich genommen und sofern Sie kein Wasserbett haben (Babys könnten zu tief einsinken und Atemschwierigkeiten bekommen). Ziehen Sie Ihr Baby nicht zu warm an und decken Sie es mit leichtem Bettzeug zu.
- Falls Ihr Baby im selben Zimmer wie Sie schläft, können Sie schnell reagieren, wenn es aufwacht. Nehmen Sie es zum Füttern mit in Ihr Bett oder setzen Sie sich auf einen bequemen Stuhl. Bringen Sie Ihr Baby nicht immer durch Füttern zum Schlafen, damit es nicht das eine mit dem anderen verbindet.
- Wenn Ihr Baby von Anfang an im eigenen Zimmer schlafen soll, ist ein Überwachungsgerät nützlich. Sie hören damit sofort, wenn es wach ist, und können umgehend reagieren.

SCHLAFPROBLEME

Viele Schlafprobleme sind in Wirklichkeit gar keine. Sie existieren, weil die Erwachsenen unrealistische Vorstellungen vom Schlafbedürfnis ihres Babys haben. In den ersten drei Monaten schläft das Baby oft nur vier Stunden hintereinander am Stück, manchmal sogar weniger, in den drei darauffolgenden Monaten etwa fünf Stunden. Zum Ende des ersten Lebensjahres schläft das Baby nachts immer öfter durch, wobei „durchschlafen" sechs Stunden ohne aufzuwachen bedeutet. Sie können das nächtliche Aufwachen nicht verhindern (tatsächlich wachen wir alle nachts auf, nur haben wir schon gelernt, uns wieder in Schlaf zu versetzen), aber es gibt doch einige Ursachen, die Sie beseitigen können.

WARUM BABYS AUFWACHEN

- Die häufigste Ursache für das nächtliche Erwachen ist Hunger. Sie können nichts daran ändern: Kleine Babys haben kleine Mägen. Mit der Zeit wird das etwas besser. Ab etwa dem 6. Lebensmonat wachen Babys seltener wegen Hunger auf.
- Ein Baby schläft in einer nassen Windel oft glücklich und zufrieden (natürlich nur, wenn es nicht wund ist). Durch eine schmutzige Windel wacht es dagegen oft auf. Wickeln Sie das Baby so schnell und leise Sie können, ohne zu spielen und ohne unnötig viel Licht zu machen.
- Vielleicht ist ihm zu warm oder zu kalt. Prüfen Sie Hände und Füße. Fühlt es sich kalt an, geben Sie ihm eine zusätzliche Decke. Wenn das Baby erhitzt ist, nehmen Sie eine Decke weg. Hat das Baby die Decken weggestrampelt und ist frierend aufgewacht, so ziehen Sie ihm einen warmen Schlafanzug mit integriertem Fußteil an, aber quälen Sie es nicht mit extra Bettzeug.
- Vielleicht ist die Haut durch Kleidung oder Bettzeug gereizt. Achten Sie auf Naturfasern, benutzen Sie milde Waschmittel und spülen Sie die Wäsche gut durch. Ein geringfügiger Ausschlag mag tagsüber kaum stören, kann nachts aber unerträglich werden.
- Irgend etwas im Raum könnte seine Atemwege reizen und die Atmung erschweren. Häufigste Auslöser sind Zigarettenqualm (in der Nähe eines Babys sollte niemals geraucht werden), Tierhaare (Tieren sollte das Kinderzimmer versperrt sein), Kosmetika (kein Parfüm oder Puder im Babyzimmer), Staub (waschen Sie weiches Spielzeug regelmäßig und wischen Sie häufig Staub).
- Vielleicht ist der Raum zu hell. Ein Baby, das am frühen Morgen in einem hellen Raum erwacht, mag glauben, es sei Zeit zum Spielen. Zum Abdunkeln sind Jalousien besser geeignet als Vorhänge, vor allem im Sommer.
- Das Baby könnte gesundheitliche Probleme haben. Denken Sie daran, wenn es noch nie gut geschlafen hat oder plötzlich nicht mehr gut schläft. Gehen Sie zum Arzt, sobald Sie Krankheitszeichen wie etwa Fieber bemerken oder das Baby untröstlich weint (hier könnte eine Ohrentzündung vorliegen, s. S. 86–87).

DIE JUNGE MUTTER UND IHR PARTNER

Es gibt viele Gründe, warum die Wiederaufnahme sexueller Kontakte für viele junge Eltern auf der Prioritätenliste weit unten steht.

- Die körperlichen Anforderungen, die die Versorgung des Babys an Sie stellt, können Sie für Sex einfach zu müde machen. Suchen Sie sich einen zuverlässigen Babysitter für mehrere Stunden, damit Sie etwas Ruhe haben. Lassen Sie Dinge im Haushalt auch einmal liegen.
- Die emotionalen Anforderungen durch Stillen und schwankende Hormonspiegel können die Libido verringern. Zwingen Sie sich nicht zum Sex. Suchen Sie andere Wege, einander nahe zu sein.
- Vielleicht haben Sie Angst, daß Wundnähte zu Schmerzen beim Verkehr führen. Da Stillen die Scheidensekretion verringert, sind Sie trockener als normal. Wählen Sie Stellungen, in denen Sie die Eindringtiefe selbst bestimmen können und Druck auf den Damm vermieden wird. Benutzen Sie, wenn nötig, ein Gleitmittel.
- Manche Paare stört es, wenn ihr Baby im selben Zimmer oder gar im selben Bett schläft. Weichen Sie dann auf einen anderen Raum aus oder wählen Sie einen Zeitpunkt, zu dem das Baby woanders schläft.
- Durch sexuelle Stimulation wird Muttermilch abgesondert. Wenn Sie das stört, sollten Sie vor dem Verkehr stillen. Vermeiden Sie Stellungen, in denen Druck auf die Brüste ausgeübt wird. Dies kann schmerzhaft sein.
- Vielleicht haben Sie Angst vor einer neuen Schwangerschaft. Wählen Sie eine zuverlässige Verhütungsmethode. Sie sind bereits vor Ihrer ersten Periode wieder fruchtbar. Zwar unterdrückt Stillen den Eisprung; die meisten Frauen stillen aber nicht häufig genug, um sich darauf verlassen zu können. Ein Kondom für den Mann mit zusätzlicher spermizider Creme ist die beste Methode, bis sich Ihre Gebärmutter wieder auf ihre ursprüngliche Größe zurückgebildet hat (nach etwa 6 Wochen) und Sie wieder ein Diaphragma oder eine Spirale benutzen können. Solange Sie stillen, eignet sich ein Kombinationspräparat (Antibabypille) nicht zur Verhütung.

NORMALE SCHLAFMUSTER

Einige Babys schlafen von Anfang an gut, andere später, wieder andere nie. Diese Abbildungen geben Ihnen einige Anhaltspunkte dafür, wieviel Schlaf Ihr Baby in den ersten 18 Monaten brauchen könnte.

SCHLAFPHASE

WACHPHASE

1 MONAT

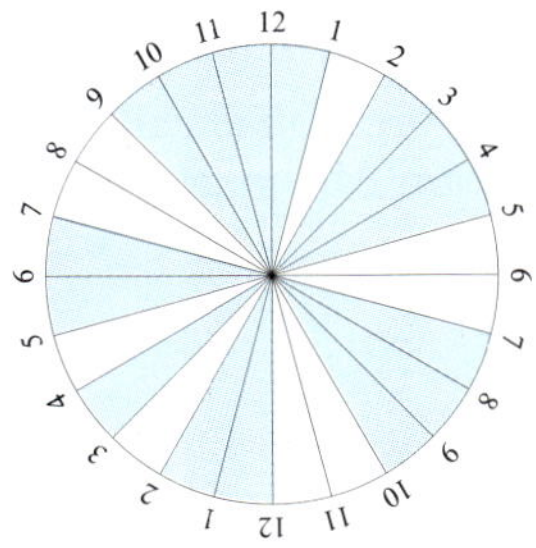

6 MONATE

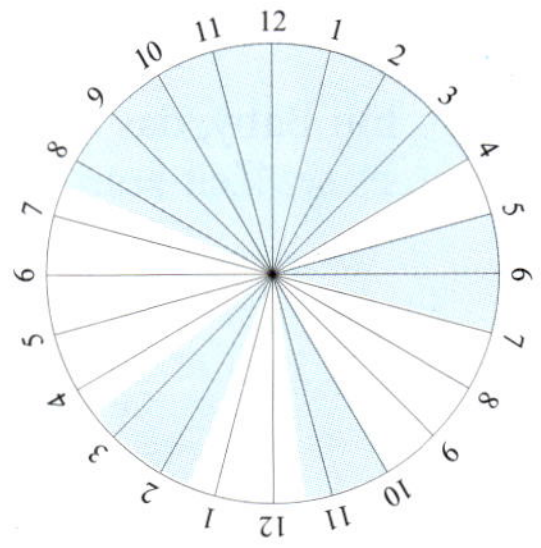

18 MONATE

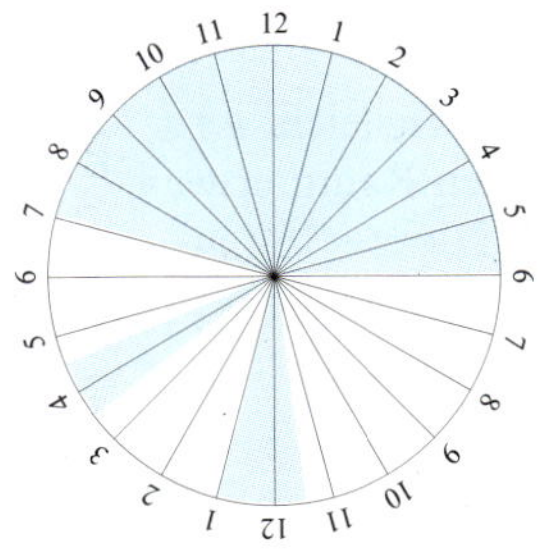

Weinen

Ihr Baby weint, weil dies seine einzige Möglichkeit ist, Ihnen mitzuteilen, daß etwas nicht in Ordnung ist. Nach einiger Zeit werden Sie lernen, das Weinen zu interpretieren: Weinen aus Hunger, Schmerz oder Langeweile. Bei Neugeborenen ist das aber noch schwierig. Am wichtigsten ist, daß Sie zu Ihrem Baby gehen, wenn es weint. Lassen Sie das Baby weiter weinen, verringert sich Ihre Chance, das Weinen zu deuten. Das Baby weiß dann bald selbst nicht mehr, warum es eigentlich weint. Lassen Sie sich nicht aus der Ruhe bringen, wenn Sie manchmal scheinbar nichts gegen das Weinen tun können. Studien haben gezeigt, daß Babys von Eltern, die rasch reagierten, in späteren Jahren nicht so oft weinen.

DAS BABY BERUHIGEN

Wenn Sie die Ursache für die Unzufriedenheit Ihres Babys nicht kennen, können Sie es eventuell durch eine der folgenden Maßnahmen beruhigen.

1 Manche Babys lieben es, getätschelt zu werden, vielleicht, weil der Rhythmus sie von ihrem Problem ablenkt oder leichter Druck auf den Bauch ein angenehmes Gefühl hervorruft. Lehnen Sie das Baby gegen Ihre Schulter oder legen Sie es auf den Rücken und reiben oder tätscheln Sie seinen Bauch.

2 Schaukeln auf dem Arm oder in einer Wiege kann das Baby beruhigen. Musik verstärkt die Wirkung noch. Auf viele Babys wirken Hintergrundgeräusche beruhigend, etwa ein Staubsauger oder ein Radio im Raum nebenan.

WARUM BABYS WEINEN

- Ihr Baby könnte Hunger oder Durst haben. Diese grundlegenden Bedürfnisse werden manchmal übersehen. Wenn Sie stillen, geben Sie ihm die Brust. Sonst bieten Sie ihm eine Milchflasche an oder – bei heißer Witterung – etwas warmes abgekochtes Wasser oder ungesüßten Tee.
- Vielleicht ist es müde, wehrt sich aber gegen den Schlaf. Wenn es nicht einschläft, legen Sie das Baby in den Kinderwagen und schieben es umher.
- Ihr Baby fühlt sich unbehaglich. Prüfen Sie die Temperatur von Händen und Füßen. Sehen Sie nach, ob die Windel schmutzig ist, gegebenenfalls wickeln Sie es.
- Manche Babys langweilen sich sehr schnell. Stellen Sie deshalb Ihr Kind an einen Ort, wo es Ihnen zusehen kann, oder nehmen Sie es in eine Bauchtrage. Sie können ihm auch etwas zum Ansehen geben oder Ihre Arbeit unterbrechen und mit ihm plaudern.
- Umgekehrt beanspruchen andere Babys mehr Zeit für sich. Vielleicht waren viele Besucher da, zuviel Lärm und zu viele neue Reize. Bringen Sie das Baby in einen ruhigeren Raum.
- Sein gewohnter Tagesablauf wurde gestört. Es gibt Babys, die eine gewisse Routine brauchen. Wenn Sie glauben, daß Ihr Baby zu dieser Gruppe gehört, sollten Sie versuchen, bestimmte Maßnahmen jeden Tag zu ähnlichen Zeiten zu verrichten.
- Es hat Luft geschluckt (s. S. 38–39), Koliken (s. S. 84–85) oder wird krank. Rufen Sie den Arzt, wenn das Weinen eine ungewohnte Tonlage oder einen anderen Rhythmus erreicht, wenn Ihr Baby erhitzt ist, Sie nicht zu erkennen scheint oder ungewöhnlich schläfrig und teilnahmslos ist.

3 Wenn Sie das weinende Baby eng an Ihren Körper kuscheln, fühlt es sich geborgen und sicher. Wenn Sie dabei auch noch mit ihm auf und ab gehen, sollte es für gewöhnlich wirken.

4 Manche Babys müssen saugen, auch wenn sie nicht hungrig oder durstig sind. Bieten Sie ihm Ihren Finger an, helfen Sie ihm, seinen Daumen zu finden, oder probieren Sie einen Schnuller.

Für das Baby sorgen

Ihr Baby für ein oder zwei Stunden der Obhut eines Babysitters zu überlassen, verschafft – bevor das Baby mit acht oder neun Monaten zu „fremdeln" beginnt – Ihnen und Ihrem Partner etwas Zeit füreinander. Meist ist es kein Problem, für so kurze Zeit einen Babysitter zu finden: Fragen Sie Familienmitglieder, Freunde, Nachbarn oder einen vertrauenswürdigen Teenager. Jemanden für ganztägige Betreuung zu finden ist ungleich schwerer. Sie müssen sich sicher sein, daß die Person auf die Bedürfnisse Ihres Babys eingeht, es körperlich und seelisch fördert, es liebt, ohne Ihre Position als Elternteil an sich zu reißen, und auch noch offen für Ihre Vorstellungen von Kindererziehung ist. Bedenken Sie aber, daß in manchen Gegenden die Nachfrage das Angebot übersteigt. Keine Möglichkeit ist grundsätzlich besser als die anderen, aber eine ist für Sie und Ihre Familie die beste Variante.

SIE, IHR PARTNER

Vorteile

Die Vertrautheit mit einem Elternteil, mit eigenem Spielzeug und Gerätschaften zu Hause zu sein; gerade Väter können, wenn sie die Haupterziehenden sind, eine engere Beziehung zu ihrem Kind aufbauen.

Nachteile

Das Sozialverhalten entwickelt sich besser, wenn das Kind mit anderen Kindern aufwächst. Der erziehende Elternteil trauert vielleicht verpaßten Karrierechancen nach, die dem Partner/der Partnerin offenstehen. Väter sind in Spiel- und Krabbelgruppen in der Minderheit und können sich leicht unwohl fühlen.

FAMILIENMITGLIEDER: TANTE, ONKEL, GROSSELTERN

Vorteile

Die Betreuungsperson ist schon vorher bekannt. Je nach Übereinkunft ist es einem Onkel/einer Tante möglich, auch mit seinen/ihren eigenen Kindern zu Hause zu bleiben. Großeltern können eine neue erfüllende Aufgabe finden.

Nachteile

Die finanzielle Regelung kann bei einem solchen Arrangement schwierig werden. Die Betreuungsperson mag sich länger eingebunden fühlen, als sie anfangs vorhatte. Die Vorstellungen von Disziplin, Sauberkeit oder Eßgewohnheiten können auseinandergehen. Ihr Kind erfährt vielleicht nicht genügend Aufmerksamkeit seitens der Betreuungsperson, wenn noch mehr Kinder im Hause sind.

KINDERMÄDCHEN

Vorteile

Ihr Kind lebt in gewohnter Umgebung. Es genießt die Aufmerksamkeit einer erwachsenen Person, die nur für seine Pflege zuständig ist. Sie verschwenden keine Zeit mit Hin- und Herfahren.

Nachteile

Kindermädchen sind teuer. Sie selbst verlieren ein Stück Privatsphäre, vor allem, wenn es bei Ihnen im Hause wohnt. Sie sind Arbeitgeber und müssen sich mit Dingen wie Steuern und Sozialabgaben auseinandersetzen.

TAGESMUTTER

Vorteile

Ihr Kind kommt in einer häuslichen Umgebung mit anderen Kindern zusammen, was seine soziale Entwicklung fördert (solche Kinder werden oft enge Freunde). Da Tagesmütter meist mehrere Kinder betreuen, ist diese Variante erschwinglicher als die Beschäftigung eines Kindermädchens.

Nachteile

Mag Ihr Kind die Tagesmutter oder eines der anderen Kinder nicht, ist es unglücklich und wird in der Sozialentwicklung gehemmt. Sie haben kaum Einfluß darauf, wie die Tagesmutter den Tag gestaltet. Sie wird ihre eigenen Vorstellungen von Sauberkeitserziehung, Ernährung usw. haben, die Sie vielleicht nicht teilen. Manche Tagesmutter wird Ihr Kind im Krankheitsfall nicht versorgen.

KINDERBETREUUNG AM ARBEITSPLATZ

Vorteile

Die Öffnungszeiten sind auf Ihre Arbeitszeit zugeschnitten. Sie können Ihr Kind während des Tages kurz besuchen. Nur dieses Arrangement ermöglicht es Ihnen, Ihr Kind weiterhin zu stillen. Ihr Kind ist in Gesellschaft anderer Kinder. Bei mehreren Betreuerinnen leidet es nicht, wenn eine beliebte ausscheidet.

Nachteile

Das Umschalten von „Eltern" auf „Arbeitnehmer" kann schwieriger sein, wenn Sie Ihr Kind im gleichen Gebäude wissen. Dieses Arrangement kann teuer werden, wenn es nicht in irgendeiner Form unterstützt wird. Ihrem Kind wird kaum uneingeschränkte Aufmerksamkeit zuteil werden.

KINDERTAGESSTÄTTE

Vorteile

Ihr Kind hat im Nu Freunde. Es ist immer eine Betreuungsperson für es da. Ihrem Kind steht viel Spielzeug zur Verfügung, wie es zu Hause kaum möglich ist (wichtiger mit zunehmendem Alter, weniger für Babys).

Nachteile

Private Tagesstätten sind teuer. Die von Kirchen, Kommunen oder Vereinen getragenen bevorzugen meist Härtefälle (Kinder alleinstehender Berufstätiger, entwicklungsgestörte Kinder etc.). Der Schwerpunkt liegt auf der Betreuung des Kindes, weniger auf Entwicklung und Erziehung.

Betreuungskriterien

Die folgende Aufstellung möchte Anhaltspunkte dafür geben, was Sie alles bedenken müssen, wenn Sie Kontakt mit einer Betreuungsstätte oder einer in Frage kommenden Person aufnehmen.

KINDERTAGESSTÄTTE

Was Sie fragen müssen

Wieviel Personal ist für die Kinder da?
Wie läuft ein typischer Tag ab?
Sind die Kinder nach Altersstufen getrennt?
Was passiert, wenn ein Kind erkrankt?
Unternehmen die Kinder Ausflüge?
Gibt es einen Garten?
Achtet die Kindertagesstätte auf gesunde Ernährung?
Wo ruhen oder schlafen die Kinder?

Auf was Sie achten müssen

Spielt das Personal mit den Kindern?
Zufriedene Kinder bei unterschiedlichsten Aktivitäten?
Genug Spielzeug für alle Altersstufen?
Ein ruhiger Bereich für Babys?
Sorgt man sich um weinende Kinder?
Saubere Küche, Badezimmer, Toiletten.
Sind die Kinder unfallversichert?

KINDERMÄDCHEN

Was Sie fragen müssen

Was war Ihr letzter Job, und warum haben Sie ihn aufgegeben?
Welche Gehaltsvorstellungen haben Sie?
Haben Sie Kinderpflegeausbildung/Erste-Hilfe-Kurs/Führerschein?
Wie würden Sie einen Tag mit meinem Baby verbringen?
Was tun Sie, wenn das Baby weint?
Sind Sie bereit, gelegentlich am Abend und am Wochenende zu arbeiten?
Wie kommen Sie zur Arbeit (wenn sie nicht im Haus lebt)?

Auf was Sie achten müssen

Äußeres Erscheinungsbild: Was ist für Sie akzeptabel, was nicht?
Wie geht sie mit dem Baby um?
Persönlichkeit, besonders, wenn sie mit im Haus wohnen soll: Können Sie mit ihr leben?
Reife: Sie muß eine Krise meistern können.
Intelligenz: Sie erwarten, daß sie Ihrem Baby die Anregungen gibt, die es braucht.

TAGESMUTTER

Was Sie fragen müssen

Wie lange sind Sie schon Tagesmutter?
Wie viele Kinder versorgen Sie?
Wie alt sind die Kinder?
Was tun Sie, wenn ein Kind sich schlecht benimmt?
Gehen Sie mit den Kindern nach draußen? Wohin?
Werden Sie mein Kind auch versorgen, wenn es krank ist?

Auf was Sie achten müssen

Womit beschäftigen sich die Kinder?
Anzeichen von Interesse an den Aktivitäten der Kinder: Zeichnungen an einer Pinnwand, Gebasteltes auf einem Fensterbrett.
Saubere Küche und Badezimmer.
Genügend altersgemäßes Spielzeug.
Entspannte familiäre Atmosphäre.

So wird Ihr Baby richtig ernährt

Wie Sie Ihr Baby ernähren, ist eine sehr persönliche Entscheidung. Stillen ist für das Baby das Beste. Die Mütter aber, die nicht stillen möchten, können sich darauf verlassen, daß die moderne Fertignahrung alle für das Baby wichtigen Nährstoffe beinhaltet. Ein Baby zu füttern bedeutet mehr, als ihm nur Milch zu geben. In Ihren Armen spürt es, daß es geliebt wird. Über den Augenkontakt lernen Sie sich gegenseitig kennen. Später, wenn Sie feste Nahrung geben können, lernt es neue Geschmacksnoten kennen und Essen als Familienereignis.

Stillen

Die Muttermilch ist auf die Nahrungsbedürfnisse des Säuglings genau abgestimmt. Gestillte Kinder erkranken seltener, leiden weniger häufig unter Allergien und Verdauungsbeschwerden als Flaschenkinder und sterben seltener am plötzlichen Kindstod. Da es nahezu unmöglich ist, Kinder beim Stillen zu überfüttern, werden Brustkinder kaum übergewichtig. Muttermilch ist jederzeit verfügbar, hat stets die richtige Temperatur und zieht keine Arbeit mit Flaschen und Zubehör nach sich. Stillen ist auch für die Mutter das Beste. Es unterstützt die Rückbildung der Gebärmutter und schafft eine unnachahmlich intime Beziehung zwischen Mutter und Kind.

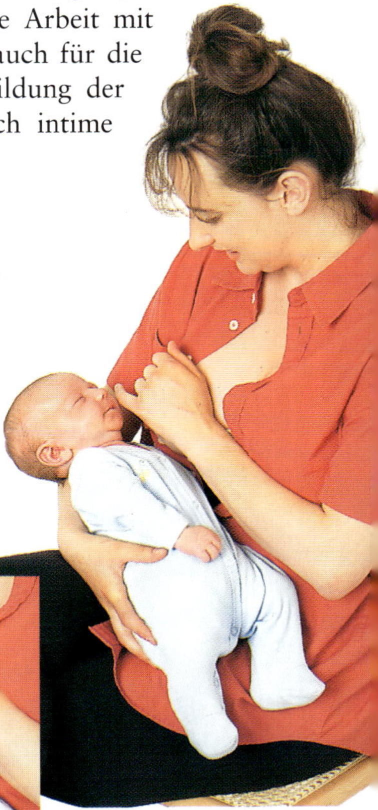

STILLTECHNIK

1 Nehmen Sie das Baby vor Ihrem Körper so in den Arm, daß es Sie ansehen kann. Wenn es den Mund nicht von selbst öffnet, berühren Sie seine Lippen mit dem Finger oder mit Ihrer Brustwarze. Öffnet es den Mund, führen Sie es an Ihren Körper heran, bis es Ihre Brustwarze mit dem Mund umfassen kann. Sie sollten sich zum Stillen nie zu Ihrem Baby hinunterbeugen; dies würde zu Verspannungen führen.

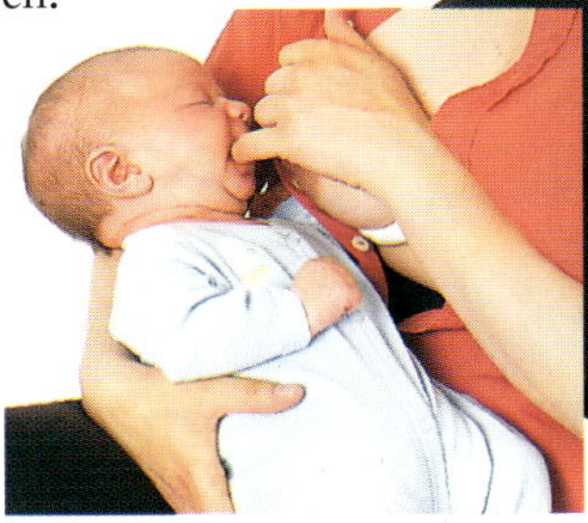

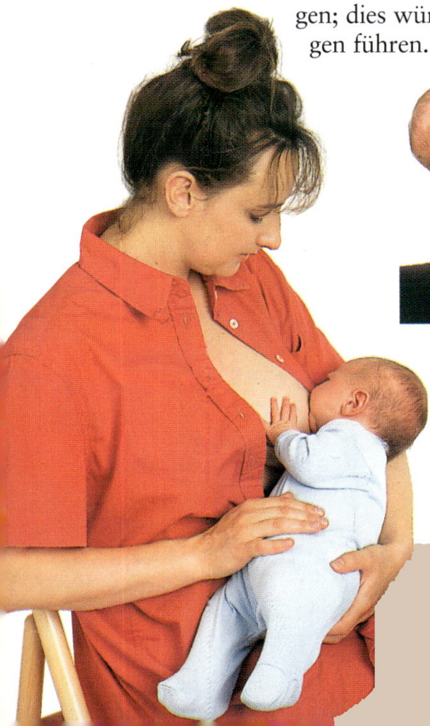

2 Während der ersten drei bis fünf Tage nach der Geburt produzieren die Brüste die Vormilch. Sie ist dünner als die danach produzierte Muttermilch, da das Neugeborene in den ersten Tagen vor allem Flüssigkeit braucht. Wenn das Baby eine Brust leer getrunken hat, bieten Sie ihm die andere an. Manche Babys nehmen beide Brüste während einer Mahlzeit, andere nur eine.

BEQUEMLICHKEIT BEIM STILLEN

1 Achten Sie darauf, daß sich das Baby auf der richtigen Höhe befindet. Legen Sie – wenn nötig – ein Kissen auf Ihren Schoß. Setzen Sie sich entweder auf einen bequemen Stuhl oder abgestützt durch Kissen auf das Bett.

2 Vielleicht finden Sie es bequemer, im Liegen zu stillen, vor allem nachts. Legen Sie sich auf die Seite und ziehen Sie Ihr Baby nahe an sich heran.

MILCH ABPUMPEN

Sie können eine Milchpumpe kaufen oder die Milch mit der Hand abdrücken. Waschen Sie vorher Hände und Brüste. Die Brust wird mit einer Handfläche gestützt, mit der anderen streichen Sie wiederholt zum Warzenhof. Fahren Sie gleichmäßig rund um die Brust so fort. Stützen Sie die Brust weiterhin mit einer Handfläche, legen Sie den Daumen oberhalb der Brustwarze auf etwa halbe Brusthöhe und bewegen Sie ihn mit leichtem Druck nach unten. Wenn der Daumen den Warzenhof erreicht, drückt man dagegen, und die Milch spritzt heraus. Abgedrückte Muttermilch hält sich in einem sterilen Behälter im Kühlfach etwa 24 Stunden, im Gefrierfach drei Monate.

HILFESTELLUNG

Stillen ist eine Frage des Selbstvertrauens: Sie können es. Haben Sie Schwierigkeiten, wenden Sie sich an Säuglingsschwester oder Hebamme, an Ihren Arzt, stillerfahrene Frauen oder gehen Sie zur Mütterberatungsstelle beim örtlichen Gesundheitsamt.

2

Flaschennahrung

Möchten Sie nicht stillen oder haben Sie schon gestillt und möchten jetzt auf Flaschennahrung umsteigen, finden Sie im Handel eine breite Palette an Babymilchsorten. Die meisten basieren auf Kuhmilch, die modifiziert wurde, um sie leichter verdaulich zu machen. Für Babys mit Kuhmilchunverträglichkeit gibt es Flaschennahrung auf Sojabasis.

Sie werden mindestens sechs Flaschen mit Saugern brauchen. Normale Babyflaschen fassen etwa 250 ml. Je jünger das Baby ist, desto kleiner muß das Loch im Sauger sein. Der Milchfluß ist in etwa richtig, wenn ein Tropfen pro Sekunde austritt.

ZUBEREITUNG DER FLASCHENNAHRUNG

- Sie können „mundfertig" zubereitete Babymilch in Flaschen kaufen, doch ist sie sehr teuer und schwierig zu lagern. Kaufen Sie die Milch lieber in Pulverform. Sie können Zeit sparen, indem Sie mehrere Flaschen auf einmal zubereiten und im Kühlschrank aufbewahren.
- Folgen Sie bei der Zubereitung strikt den Angaben des Herstellers. Füllen Sie die angegebene Menge an abgekochtem Wasser in die Flasche. Messen Sie die vorgeschriebene Pulvermenge mit dem beiliegenden Meßlöffel ab und streichen Sie den Überschuß mit einem Messer ab. Geben Sie das Pulver in die Flasche.
- Schrauben Sie den Verschluß auf die Flasche und schütteln Sie sie gut durch, bis das Pulver aufgelöst ist.
- Geben Sie die Flasche gleich, prüfen Sie die Temperatur, indem Sie ein paar Tropfen auf die Innenseite Ihres Handgelenkes spritzen. Es sollte sich gerade warm anfühlen. Wärmen Sie die Flasche in einem Topf mit heißem Wasser. Ist sie zu heiß, können Sie sie unter fließendem Wasser abkühlen. Erwärmen Sie die Flasche nicht in der Mikrowelle. Durch ungleichmäßige Durchmischung können heiße Tropfen zu Verbrennungen im Mund Ihres Babys führen.

FLASCHEN STERILISIEREN

Waschen Sie Flaschen, Sauger, Verschlüsse und sonstige Gerätschaften in heißem Wasser mit etwas Spülmittel ab, anschließend sterilisieren, und zwar so:

- *Kochen:* Geben Sie alles in einen großen Topf und kochen Sie es 20 Minuten lang aus. Dies ist eine gute Methode, wenn Sie nur wenig sterilisieren müssen.
- *Chemische Sterilisation:* Mischen Sie die Sterilisierlösung nach Angaben des Herstellers in einem Plastikbehälter an und legen Sie die vorher abgewaschenen Flaschen etc. für die angegebene Zeit ein. Je nach Anweisung anschließend mit abgekochtem Wasser ausspülen oder nicht.
- *Dampfsterilisation:* Ein elektrischer Sterilisator arbeitet wirksam und schnell. Alternativ dazu können Sie einen mikrowellentauglichen kaufen.

Durch Säubern der Flaschen im Geschirrspüler (mind. 80 °C) erübrigt sich wegen der hohen Waschtemperatur und des Dampfes beim Trocknen zusätzliches Sterilisieren. Klären Sie vorher ab, ob die Sauger spülmaschinenfest sind.

VOM STILLEN ZUR FLASCHE

Die folgenden Tips können Ihnen und Ihrem Baby den Übergang vom Stillen zur Flaschennahrung erleichtern.

- Planen Sie, wann und wie Sie umsteigen möchten. Bei einem plötzlichen Wechsel können Ihre Brüste leicht zu voll werden. Dies kann im ärgsten Fall zur Mastitis (Brustentzündung) führen.
- Hegen Sie keine Schuldgefühle, weil Sie das Stillen beenden. Es gibt sehr gute Fertignahrung.
- Stellen Sie langsam um. Sie können erst eine Stillmahlzeit, dann zwei usw. durch die Flasche ersetzen. Oder Sie geben jeweils zum Ende eines Stilldurchgangs eine Flasche und steigern die Menge an Fertigmilch in dem Maße, wie Sie das Stillen verkürzen.
- Sie können während der Umstellung zur Erleichterung etwas Milch abpumpen, aber nicht zuviel, Ihr Körper produziert sie sonst nur wieder nach.

DIE FLASCHE GEBEN

1 Setzen Sie sich bequem hin. Kuscheln Sie Ihr Baby nah an sich heran. Kippen Sie die Flasche, bis der Sauger voll mit Milch ist, und schieben Sie ihn in den Mund. Halten Sie die Flasche während des Fütterns gekippt.

2 Wenn das Baby aufhört zu trinken, nehmen Sie den Sauger aus dem Mund. Prüfen Sie, ob er zusammengedrückt ist (das unterbricht den Milchfluß). Vielleicht muß Ihr Baby auch während einer Mahlzeit aussetzen und aufstoßen.

3 Bewahren Sie restliche Milch nicht auf. Flaschenmilch ist schwerer verdaulich als Brustmilch. Es kann also sein, daß Ihr Baby nur alle drei oder vier Stunden trinken möchte. Weint es zwischen den Mahlzeiten, könnte es Durst haben. Bieten Sie ihm warmes abgekochtes Wasser oder ungesüßten Tee in einer sterilisierten Flasche an. (Verwenden Sie nur stilles Mineralwasser mit einem dem Baby angepaßten Natriumgehalt.)

2

AUFSTOSSEN

Jedes Baby schluckt beim Trinken Luft. Falls der Magen zu stark mit Milch und Luft gefüllt ist, wird das Kind etwas von der Luft ausstoßen und damit den Magen entlasten. Auch wenn dies bei Flaschenkindern öfter vorkommt, kann ebenso ein Brustkind viel Luft schlukken, etwa falls Ihre Brüste sehr voll sind. Es muß dann sehr gierig schlucken, um den starken Milchfluß zu bewältigen.

Geben Sie Ihrem Baby bei Flaschenfütterung, wenn nötig, zwischendurch Gelegenheit zum Aufstoßen. Beim Stillen geschieht dies oft automatisch beim Wechseln der Brust. Warten Sie aber nicht zwanghaft darauf. Wenn Ihr Baby zufrieden ist, hat es vielleicht gar nicht so viel Luft geschluckt. Fühlt es sich aber unwohl und verzieht das Gesicht, dann warten Sie noch etwas länger. Sie brauchen Ihrem Baby nicht heftig auf den Rücken zu klopfen. Ein sanftes Reiben oder rhythmisches Tätscheln wirkt am besten.

WIE DAS BABY HALTEN?

Decken Sie Ihre Schulter mit einem alten Handtuch oder einer Stoffwindel ab. Halten Sie Ihr Baby gestreckt aufrecht mit dem Kopf an Ihrer Schulter. Reiben oder tätscheln Sie sanft seinen Rücken. Sie können dies sowohl im Sitzen (links) als auch im Stehen (rechts) tun.

SPUCKEN

Fast alle Säuglinge geben manchmal mit der Luft etwas Milch von sich, was die Eltern oft sehr beunruhigt. Meist ist es nicht mehr als ein Teelöffel voll, doch mit Speichel vermischt und auf Ihrer Schulter verteilt sieht es nach viel mehr aus.

Am einfachsten beugen Sie dem Spucken vor, indem Sie die Menge an geschluckter Luft möglichst gering halten. Lassen Sie Ihr Baby während und nach den Mahlzeiten aufstoßen. Füttern Sie es möglichst nicht, nachdem es länger geschrien hat – es hat dann sehr viel Luft im Magen. Halten Sie das Baby während des Fütterns und danach leicht aufrecht, damit die Luft über den Milchspiegel aufsteigen kann. Kippen Sie bei Flaschenfütterung die Flasche so weit, daß der Sauger immer mit Milch gefüllt ist. Prüfen Sie das Loch im Sauger: Ist es zu groß, muß das Baby gierig schlucken, um die Milchmenge zu bewältigen; bei zu kleinem Saugerloch muß es zu kräftig ziehen und schluckt dabei viel Luft.

Meist gibt sich das Spucken nach etwa sechs Monaten von selbst, wenn das Baby mehr Zeit in aufrechter Stellung verbringt. Sorgen müssen Sie sich nur machen, wenn

- das Erbrechen eruptiv erfolgt (weit spritzt),
- das Erbrochene grünlich gefärbt ist,
- das Baby an Gewicht verliert,
- das Baby während des Fütterns hustet.

2 Legen Sie das Kind in Bauchlage auf Ihren Schoß. Klopfen oder reiben Sie ihm sanft den Rücken.

3 Setzen Sie das Baby auf Ihren Schoß und stützen Sie mit einer Hand seine Brust. Mit der anderen reiben Sie ihm sanft den Rücken. Wenn es Milch aufstößt, trifft es mehr sich selbst als Sie. Sorgen Sie also dafür, daß es ein Lätzchen trägt, oder halten Sie ein Tuch bereit.

2

Feste Nahrung geben

Es gibt keinen vernünftigen Grund, mit der Einführung fester Nahrung vor dem 6. Lebensmonat zu beginnen. Erst dann benötigt vor allem das Brustkind zusätzlich Eisen. Vor dieser Zeit arbeiten viele zur Verdauung von Nährstoffen notwendige Enzyme noch nicht richtig. Die weitverbreitete Ansicht, zugefütterte Babys würden nachts häufiger durchschlafen, ist mehr als zweifelhaft. Die frühe Einführung fester Nahrung wurde verschiedentlich für das Auftreten von Allergien verantwortlich gemacht. Sie kann auch zur Entwicklung von Fettleibigkeit beitragen. Das Kosten der ersten festen Nahrung dient mehr der Gewöhnung als der Ernährung. Sie wird zusätzlich zur Milch und anfangs in kleinsten Mengen gegeben. Der Beginn mit festen Speisen bedeutet nicht den Anfang der Entwöhnung. Besprechen Sie sich mit Ihrem Arzt, wenn Sie den richtigen Zeitpunkt für gekommen halten. Sollte Ihr Baby alles, was Sie ihm anbieten, prompt wieder ausspucken, so warten Sie noch ein paar Wochen.

IST MEIN BABY BEREIT?

Anzeichen dafür, daß Ihr Baby bereit für die Einführung fester Speisen ist, können sein:

- Es nimmt nicht mehr zu.
- Es verfolgt mit Interesse, was Sie oder andere Familienmitglieder essen.
- Es kann den Kopf problemlos halten.
- Es ist mindestens 4 Monate alt.
- Es will in Ihren Teller greifen.
- Es streckt nicht mehr automatisch die Zunge heraus, wenn Sie etwas Essen daraufgeben. (Dies ist vermutlich ein Reflex, der das Baby in den ersten Lebensmonaten vor dem Ersticken schützt.)
- In Ihrer Familie sind keine Allergien gegen Nahrungsmittel bekannt.

WOMIT BEGINNEN SIE?

Viele Babys können sich mit der neuen Nahrung leichter anfreunden, wenn diese eine ähnliche Konsistenz wie Milch hat. Bieten Sie jeweils immer nur eine neue Speise an, damit Sie sehen, was Ihrem Baby schmeckt und was nicht. Geben Sie kein Salz, keinen Zucker und keinen Honig zu den Speisen.

- Babyreis ist glutenfrei und einfach zuzubereiten. Mischen Sie ihn mit kaltem abgekochtem Wasser, Brust- oder Flaschenmilch. Halten Sie ihn anfangs dünnflüssig. Später, wenn das Baby ihn akzeptiert hat, können Sie ihn zunehmend dicker anrühren.
- Zerdrückte Banane.
- Püriertes Gemüse: Karotten, Kartoffeln, Süßkartoffeln.
- Pürierte Früchte: Apfel, Birne, Aprikose.

ERSTES PROBIEREN

Setzen Sie Ihr Baby bequem in seinen Sitz oder auf Ihren Schoß. Geben Sie ihm etwas Brust- oder Flaschenmilch gegen den größten Hunger. Die leicht angewärmte neue Speise bieten Sie ihm am besten auf Ihrer Fingerspitze oder auf dem Ende eines abgerundeten Plastiklöffels an. Wahrscheinlich wird Ihr Baby wegen des fremden Geschmacks und der ungewohnten Konsistenz das Gesicht verziehen. Ob es ihm schmeckt, können Sie daraus schließen, ob es die angebotene Nahrung schluckt und den Mund für mehr öffnet. Wenn sich Ihr Baby an das neue Angebot gewöhnt hat, können Sie Menge und Vielfalt der Speisen erhöhen.

DIE ZWEITE PHASE

Wenn Ihr Baby Zähne bekommt und Püriertes gerne ißt, können Sie langsam zu gröberen, zerdrückten oder feingehackten Speisen übergehen und das Angebot erweitern:

- Feingeschnittenes Hühnchen
- Linsenbrei
- Zerkleinerte Nudeln mit einer Soße aus pürierten Tomaten
- Joghurt: Die meisten Babys mögen ihn pur, ungesüßt; mischen Sie ansonsten etwas fein zerkleinertes Obst darunter.
- Zerdrückter Blumenkohl
- Reis
- Fisch: Suchen Sie Gräten sorgfältig heraus.

WAS SIE IHREM BABY NICHT GEBEN SOLLTEN:

Geben Sie einem Kind unter sechs Monaten keine der folgenden Speisen (viele Ärzte empfehlen einige davon sogar erst nach dem ersten Lebensjahr):

- Weizen und Weizenprodukte
- Nüsse und nußhaltige Produkte
- Gebratene oder fette Speisen
- Milchprodukte einschließlich Joghurt, Käse und Frischkäse, soweit ihr Milchanteil nicht den Bedürfnissen von Babys entsprechend modifiziert wurde
- Eier
- Zitrusfrüchte
- Pikantes Gemüse, Zwiebeln, Chillies

FÜTTERN DES KINDES

2

Je später Sie feste Nahrung einführen, desto schneller wird sich Ihr Baby daran gewöhnen. Die meisten Kinder nehmen im Alter von neun Monaten schon eine breite Palette unterschiedlicher Speisen zu sich. Die festen Nahrungsmittel ersetzen allmählich Brust- oder Flaschenmilch als wesentliche Kalorien- und Nährstoffquelle. Industriell hergestellte Babynahrung ist bequem, Ihr Baby gewöhnt sich aber nicht an „normales" Essen. Geben Sie ihm, wann immer möglich, Familienessen in abgemilderter Form, also ohne Salz oder Zucker. Greifen Sie nur auf Gläschen zurück, wenn Sie unterwegs sind oder einmal etwas für das Baby Ungeeignetes als Familienessen kochen.

Geben Sie Kuhmilch als Getränk nicht vor dem ersten Lebensjahr, dann aber nicht als Mager-, sondern als Vollmilch, da das Baby Fett, Vitamine und Kalorien dringend braucht. Sie können mit Brust- oder Flaschenmilch als „Getränk" fortfahren oder Ihrem Baby Wasser (kochen Sie es bis zum sechsten Lebensmonat ab), ungesüßten Tee oder verdünnte Fruchtsäfte ohne Zuckerzusatz anbieten. Gewöhnen Sie Ihr Kind an eine Tasse: Eine Tasse mit Trinkdeckel und zwei Henkeln ist gut für den Anfang.

DER HOCHSTUHL

Im Hochstuhl kann das Baby im Kreise der Familie am sozialen Geschehen teilnehmen. Es sitzt stabil und kann seine eigenen Erfahrungen mit dem Essen sammeln. Denken Sie an ein Lätzchen, legen Sie eine Plastikdecke unter den Hochstuhl und sorgen Sie dafür, daß Ihr Baby ein Sicherheitsgeschirr trägt. Ein einfacher Beckengurt reicht nicht aus.

- Sie können das Baby füttern oder ihm einen Löffel geben und es selbst versuchen lassen. Das mag am Anfang eine arge Schmiererei geben. Doch nur, wenn das Baby mit dem Löffel spielen darf, lernt es, ihn auch zu gebrauchen.
- Als Alternative können Sie beides miteinander kombinieren. Das Baby erhält die notwendige Übung, und zumindest etwas Nahrung erreicht den Mund.

ESSEN MIT DEN FINGERN

Ehe Ihr Kind sicher mit dem Löffel umgehen kann (meist erst im 2. Lebensjahr), wird es oft vorkommen, daß es während einer Mahlzeit etwas mit den Fingern essen will (wie man etwas mit den Fingern in den Mund steckt, weiß es aus Erfahrung beim Spielen). Etwas zum Kauen ist gut für die Entwicklung der Kiefer und gibt dem Kind ein Gefühl von Selbstbestimmung bei der Speisenwahl. Ihnen ermöglicht es, selbst etwas zu essen oder sich Ihren anderen Kindern zuzuwenden. Lassen Sie Ihr Baby beim Essen nie allein und häufen Sie ihm nicht zuviel auf den Teller. Es könnte sonst versuchen, alles auf einmal in den Mund zu stopfen. Gut geeignet zum Essen mit Fingern sind:

- gedämpfte Broccoli-Röschen,
- leicht gedämpfte Möhren (sie sollten zwar Biß haben, aber dennoch so weich sein, daß Ihr Baby nicht an einem kleinen Stück würgt),
- Bananen-, Melonen-, Apfel-, Birnen-, Pfirsich- oder Nektarinenscheiben (ohne Schale und Kerne),
- Butterbrot oder Zwieback.

2

HYGIENE BEIM ESSEN

Was bei Erwachsenen eine leichte Magenverstimmung hervorruft, kann beim Baby zu Erbrechen, Durchfall und schwerer Austrocknung führen.

- Waschen Sie sich immer die Hände, bevor Sie Ihr Baby füttern.
- Waschen Sie Ihre Hände vor und nach dem Umgang mit rohem Fleisch, Geflügel, Fisch und Eiern.
- Schneiden Sie Fleisch und Gemüse nicht auf demselben Brett.
- Waschen Sie Obst und Gemüse unter fließendem Wasser. Schälen Sie Obst, das nicht aus biologischem Anbau stammt. Prüfen Sie, ob die Nahrung chemische Zusätze enthält.
- Säubern Sie die Dosendeckel, bevor Sie sie öffnen.
- Überprüfen Sie die Verschlüsse von Babygläschen. Hören Sie kein „Plop“ beim Öffnen, das Glas nicht verwenden!
- Bewahren Sie angebrochene Babynahrung nicht länger als 24 Stunden im Kühlschrank auf. Wenn Sie das Baby direkt aus dem Gläschen gefüttert haben, müssen Sie den Rest wegwerfen, denn Bakterien aus dem Speichel lassen die Nahrung verderben.
- Wenn Sie Babynahrung einfrieren, tauen Sie immer nur eine Portion auf.
- Schützen Sie Nahrungsmittel vor Wärme und Sonneneinstrahlung.
- Verwenden Sie einen sauberen Löffel, wenn Sie beim Kochen probieren.

2

Zahnen

Die ersten seiner 20 Milchzähne bekommt das Baby mit etwa sechs Monaten (es gibt jedoch große zeitliche Unterschiede). Sie können jeden Zahn als weiße Vorwölbung unter dem Zahnfleisch erkennen, bevor er durchbricht. Dies bereitet dem Baby dann oft Schmerzen.

Anzeichen dafür, daß Ihr Baby zahnt, können sein: verstärktes Sabbern, das einen brennenden roten Hautausschlag um Mund und Kinn verursacht, feuchtes Husten, wenn überschüssiger Speichel geschluckt wird, weicher Stuhl (obwohl Zahnen nicht zu Durchfällen führt und auch nie dafür verantwortlich gemacht werden sollte), leicht erhöhte Temperatur, der Wunsch, auf einem harten Gegenstand herumzukauen.

DEM BABY DAS ZAHNEN ERLEICHTERN

- Geben Sie ihm einen gekühlten Beißring. Einige Modelle können sogar mit kaltem Wasser gefüllt werden.
- Bieten Sie ihm kaltes Wasser zum Trinken und etwas Hartes, auf dem es herumkauen kann.
- Reiben Sie das Zahnfleisch mit Ihrem kalten kleinen Finger oder einem kleinen Eisstück, geben Sie dem Baby einen Eis-Lolly aus gefrorenem verdünntem Fruchtsaft.
- Geben Sie eine homöopathische Zahnungshilfe in Puderform.
- Geben Sie in Ausnahmefällen – nach genauer Anweisung Ihres Arztes – Baby-Paracetamol.
- Bei Hautausschlag um den Mund waschen und trocknen Sie den Bereich sorgfältig. Nun reiben Sie ihn sanft mit Vaseline ein.

BABYFLASCHE UND KARIES

Wenn Sie Ihrem Baby erlauben, mit einer Milch- oder Saftflasche im Mund einzuschlafen, setzen Sie Zähne und Zahnfleisch ständig Zucker aus, der nicht mehr – wie am Tage – durch Speichel halbwegs neutralisiert werden kann, da nachts die Speichelproduktion stark zurückgeht. Wenn dies Nacht für Nacht geschieht, steigt das Risiko, daß das Baby Karies bekommt. Geben Sie Ihrem Baby – wenn es zum Einschlafen unbedingt saugen muß – eine Flasche mit Wasser, ungesüßtem Tee oder einen Schnuller. Auch tagsüber sollten Sie ein dauerndes Nuckeln an der Flasche verhindern. Geben Sie dem Baby, sobald es an den Mahlzeiten teilnehmen kann, ein Getränk zum Essen und in Intervallen zwischendurch, aber verhindern Sie, daß die Flasche andauernd verfügbar ist.

GESUNDE ZÄHNE, GESUNDES ZAHNFLEISCH

- Putzen Sie Zähne und Zahnfleisch Ihres Babys, sobald das Zahnen einsetzt.
- Wenn das Kind älter wird, ermuntern Sie es, selbst Zähne zu putzen. Sie sollten aber auf jeden Fall nachputzen.
- Die Kost sollte reich an Calcium (enthalten in Milch, Käse, Joghurt, Gemüse) und Vitamin D (in Eigelb, Fisch und Molkereiprodukten) sein. Vitamin-D-Mangel beeinträchtigt die Calcium-Aufnahme.
- Geben Sie möglichst wenig Naschereien, Kuchen und gesüßte Getränke. Man kann Süßes nicht ganz verbieten, vor allem, wenn das Kind größer wird. Achten Sie aber darauf, daß es nach dem Naschen die Zähne putzt.
- Tauchen Sie den Schnuller niemals in etwas Süßes. Mischen Sie keinen Zucker oder Honig in Speisen und Getränke. Lesen Sie die Beschriftung von Nahrungsmitteln: Auch Saccharose und Glukose sind Zucker.
- Erkundigen Sie sich nach dem Fluorid-Gehalt Ihres Trinkwassers. Sprechen Sie mit Ihrem Zahnarzt über die Gabe von Fluorid-Tabletten.

2

ZÄHNEPUTZEN

Es ist nie zu früh, um mit der Zahnpflege zu beginnen. Zerstörte Zähne bereiten Schmerzen, und der Verlust von Zähnen (vor allem von Milchzähnen) hat weitreichende Folgen: Zum einen halten die Milchzähne den Platz für das ungehinderte Wachstum der bleibenden Zähne frei, zum anderen kann bei Kariesbefall der darunterliegende Knochen angegriffen werden, so daß die zweiten Zähne nicht mehr genug Halt finden.

1 Solange das Baby nur 1 oder 2 Zähne hat, nehmen Sie ein Stück Mull und streichen damit über Zähne und Zahnfleisch, um Nahrungsreste, Bakterien und Beläge abzuwischen.

2 Später benutzen Sie eine weiche Zahnbürste und eine erbsengroße Menge Kinderzahnpasta.

2

Auswärts essen

Wenn Sie ein Baby haben, bedeutet dies nicht, daß Sie nicht mehr essen gehen können. Außerhalb zu essen dient der sozialen Entwicklung Ihres Babys und lehrt es, daß Mahlzeiten Anlaß zum familiären Zusammensein sind.

TIPS FÜR UNKOMPLIZIERTES ESSEN AUSSER HAUS

- Wählen Sie ein passendes Restaurant aus. Sie müssen nicht nach einem suchen, wo Kleinkinder herumtoben dürfen und die Speisekarte nur aus kinderfreundlichen Extramenüs besteht. Andererseits ist es auch sinnlos, ein Restaurant auszuwählen, wo Sie sich unwohl fühlen, wenn Ihr Baby schreit, das Essen verweigert oder sonst irgendwie unleidlich ist.
- Suchen Sie die richtige Zeit aus. Gehen Sie, wenn Ihr Kind vermutlich bald Hunger bekommt, und nicht erst dann, wenn es schon überhungrig ist.
- Verlassen Sie sich nicht darauf, daß ein Hochstuhl verfügbar ist. Bestellen Sie einen vor, wenn Sie reservieren, oder nehmen Sie einen tragbaren Stuhl mit.
- Denken Sie an Ablenkung. Ihr Baby wird einige Zeit damit verbringen, mit anderen Gästen zu flirten und mit der Serviette zu spielen, aber ein paar Spielsachen und ein Buch können manchmal nützlich sein.
- Nehmen Sie ein Gläschen Babynahrung mit für den Fall, daß sich auf der Speisekarte nichts findet. Fragen Sie aber ruhig nach: Vielleicht können Sie Nudeln oder Hühnchen ohne Soße, eine Portion Reis, Gemüse oder Fruchtsalat bekommen.
- Lassen Sie Ihr Baby nicht herumkrabbeln, das wäre zu gefährlich. Wenn es protestiert, weil es sich angebunden fühlt, tragen Sie es etwas herum.

SICHERES SITZEN

Wenn kein Hochstuhl verfügbar ist, gibt es für Ihr Baby zwei Möglichkeiten zu sitzen: einen Sitz, den man am Tisch befestigen kann, oder eine Sitzerhöhung, die auf einen normalen Stuhl paßt.

- Einen Sitz zum Befestigen an der Tischplatte sollten Sie nur an sehr stabilen Holz- oder Metalltischen ohne Tischdecke anbringen. Wenn sich der Sitz nicht einwandfrei befestigen läßt, der Tisch wackelt oder nicht stabil genug ist, dürfen Sie ihn nicht benutzen.
- Sitzerhöhungen sind nur für Kinder geeignet, die älter als ein Jahr und nicht übermäßig aktiv sind. Stellen Sie den Sitz nicht auf einen Stuhl, der zu klein ist, um ihm Halt zu geben, oder der so groß ist, daß die Gurte nicht mehr schließen. Auch polierte Stühle und solche mit Kissen sind ungeeignet.

Ihr Baby entwickelt sich

Die Entwicklung vom hilflosen Neugeborenen zum selbständigen Kleinkind gehört zu den faszinierendsten Abschnitten des Elterndaseins. Anscheinend vergeht kaum ein Tag, ohne daß Ihr Baby etwas Neues lernt oder vorhandene Fähigkeiten verbessert. Das Baby lernt laufen und sprechen. Es beginnt, seine eigene Persönlichkeit zu entfalten. Es entwickelt bestimmte Vorlieben und Abneigungen bezüglich Essen, Spielzeugen, Spielen oder Baden. Zusammen mit Gleichaltrigen in Spielgruppen legt es den Grundstein für seine soziale Entwicklung. Jeder Tag ist ein aufregendes Abenteuer – genießen Sie es!

PHYSISCHE ENTWICKLUNG

In den ersten 18 Lebensmonaten wird Ihr Baby lernen, den Kopf zu halten, zu sitzen und zu laufen. Allerdings sind alle Babys einzigartig und haben ihr eigenes Tempo. Bei allen aber läuft der Reifungsprozeß in der gleichen Reihenfolge ab. Die folgenden Leitlinien sagen Ihnen also, was Sie als nächstes erwarten können. Machen Sie sich keine Sorgen, wenn Ihr Baby nur widerstrebend krabbelt: Manche tun es nie. Diejenigen, die besonders gut sitzen können, rutschen oft auf ihrem Hinterteil umher, bevor sie laufen. Andere wieder „krabbeln“ auf Händen und Füßen, ehe sie aufrecht gehen.

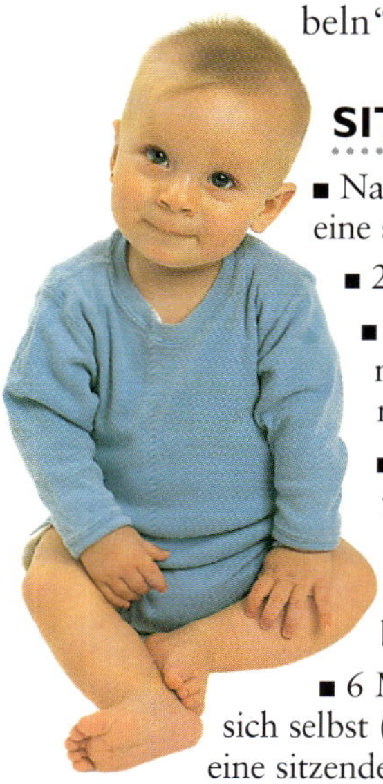

SITZEN LERNEN

- Nach der Geburt: Wenn Sie Ihr Baby aus der Rückenlage in eine sitzende Position ziehen, fällt sein Kopf nach hinten.
- 2 Monate: In sitzender Position hebt es kurz den Kopf.
- 3 Monate: Wenn Sie Ihr Baby aus der Rückenlage in eine sitzende Position ziehen, hängt der Kopf nur wenig zurück; es kann von Kissen gestützt 10–15 Minuten sitzen.
- 4 Monate: Es kann beim Sitzen den Kopf aufrecht halten und in alle Richtungen drehen; es kann mit Unterstützung 30 Minuten sitzen.
- 5 Monate: Beim Hochziehen in sitzende Position bleibt der Kopf in einer Achse mit der Wirbelsäule.
- 6 Monate: Es kann im Sitzen das Gleichgewicht halten und sich selbst (an Ihnen oder an Möbelstücken) aus der Rückenlage in eine sitzende Position hochziehen.
- 7 Monate: Es sitzt für kurze Zeit alleine.
- 8 Monate: Es sitzt sicher und kann sich dabei bewegen; es kann sich aus der Bauchlage in eine sitzende Position bringen.
- 10 Monate: Es kann sich aus dem Stehen hinsetzen; es kann sich aus dem Krabbeln heraus hinsetzen.

KRABBELN LERNEN

- Nach der Geburt: Es macht in Bauchlage Krabbelbewegungen.
- 1 Monat: Es hebt in Bauchlage geringfügig den Kopf.
- 2 Monate: Es bewegt in Bauchlage Arme und Beine auf derselben Körperseite; es bewegt den Kopf unabhängig von Armen und Beinen und hebt den Kopf bis 45°.

- 3 Monate: Es hebt in Bauchlage den Kopf bis 90°.
- 4 Monate: Es dreht sich vom Bauch auf den Rücken; es kann sich in Bauchlage auf die Arme aufstützen und die Knie anziehen.
- 5 Monate: Es dreht sich vom Rücken auf den Bauch.
- 7 Monate: Es bewegt sich in Bauchlage nach vorn.
- 8 Monate: Es kann eventuell krabbeln.
- 9 Monate: Wenn es krabbelt, dann gut koordiniert; es kann sich absichtlich vom Rücken auf den Bauch und wieder zurück drehen.

LAUFEN LERNEN

- Nach der Geburt: Es „schreitet", aber sein Körper ist schlaff, wenn Sie es aufrecht halten.
- 5 Monate: Es kann etwas Gewicht in die Beine legen, wenn es gehalten auf Ihrem Schoß steht.
- 6 Monate: Es kann sein Gewicht tragen und mit den Füßen nach unten stoßen, wenn es auf Ihrem Schoß steht.
- 7 Monate: Es trägt sein Gewicht, wenn es sich an Möbelstücken festhält.
- 8 Monate: Es hält das Gleichgewicht beim Festhalten an Möbelstücken.
- 9 Monate: Es kann aus sitzender Position aufstehen.
- 10 Monate: Es kann stehen, wenn es sich festhält.
- 11 Monate: Es steht alleine; es kann im Stehen nach etwas greifen, kann sich problemlos hochziehen und wieder hinsetzen, läuft, wenn es an beiden Händen festgehalten wird.
- 12 Monate: Es läuft an einer Hand, verliert aber beim Loslassen schnell das Gleichgewicht, fällt oft.
- 13 Monate: Es kann sicher laufen, klettert auf Möbelstücke.
- 14 Monate: Es beugt sich im Stehen nach vorn, um etwas aufzuheben, ohne dabei das Gleichgewicht zu verlieren.
- 15 Monate: Es kriecht Treppen hinauf und rückwärts wieder herunter.
- 16 Monate: Es rennt, fällt aber noch oft, steht auf einem Bein, zieht ein Spielzeug hinter sich her.
- 17 Monate: Es kann Kreise laufen und Treppen steigen.
- 18 Monate: Es schießt einen Ball, rennt sicher, tanzt, fährt Dreirad.

Entwicklung der Sinne

Ihr Baby kann von Geburt an sehen und hören, allerdings sind beide Sinne anfangs noch unterentwickelt. Während der ersten Lebensmonate reifen sie schnell heran. Solange Ihr Baby nicht gut hören kann, kann es auch nicht sprechen lernen. Wenn sein Gehirn ihm mehr Kontrolle über seinen Körper ermöglicht und mit zunehmendem Sehvermögen nimmt seine Handfertigkeit zu. Im Kleinkindalter kann es bereits ebensogut sehen und hören wie Sie. Seine Kontrolle über die Feinmotorik übertrifft sogar Ihre.

3

SEHEN LERNEN

- Bei Geburt: Seine Pupillen reagieren auf Lichteinfall; das Baby kann bis zu 20–25 cm genau sehen; die Augen arbeiten noch nicht richtig zusammen; wenn Sie Ihren Kopf langsam bewegen, folgt es Ihnen mit den Augen.
- 1 Monat: Das Baby erkennt Ihr Gesicht.
- 2 Monate: Die Augen arbeiten zusammen, um zu fokussieren; es sieht die Umrisse von Gegenständen.
- 3 Monate: Es besitzt gutes peripheres Sehvermögen.
- 4 Monate: Es kann vertraute Personen oder Dinge erkennen; es betrachtet seine Hände.
- 6 Monate: Gute Hand-Augen-Koordination; es betastet sein Spiegelbild, erkennt einen Gegenstand wieder, wenn es ihn aus unterschiedlichen Blickwinkeln betrachtet, sucht nach Dingen, die es fallen läßt.
- 7 Monate: Es kann kleine Gegenstände fokussieren.
- 8 Monate: Es kann Tiefe registrieren.
- 11 Monate: Es kann Gegenstände mit den Augen verfolgen, die sich schnell bewegen.
- 12 Monate: Ihr Baby kann ebenso gut sehen wie Sie; es sucht Dinge dort, wo es sie zuletzt gesehen hat.

GEBRAUCH DER HÄNDE

- Nach der Geburt: Es greift reflektorisch nach Dingen, die ihm gegen die Handfläche gedrückt werden.
- 3 Monate: Es kann nicht absichtlich nach etwas greifen, ist aber aufgeregt, wenn es zufällig einen Gegenstand berührt.

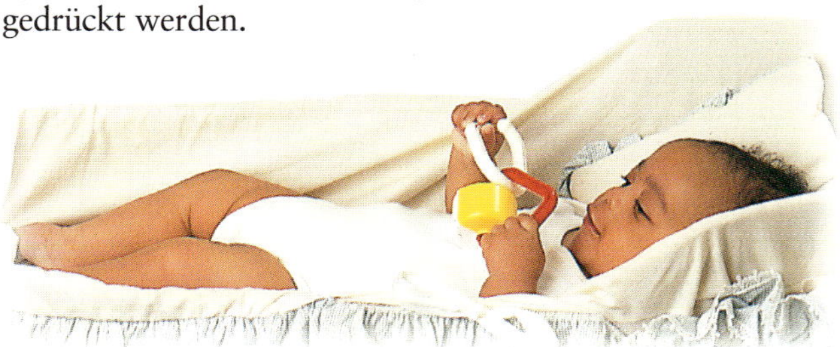

- 4 Monate: Es kann einen Gegenstand ergreifen.
- 5 Monate: Es öffnet die Hand zum Greifen.
- 6 Monate: Es sieht zu, wenn es etwas hinunterwirft.
- 7 Monate: Es benutzt die Augen, um die Hand zu führen, umschließt Dinge, die es festhalten will, mit der ganzen Hand, benutzt beide Hände gleichzeitig.
- 8 Monate: Es greift einen Ball, beginnt Finger und Handfläche gemeinsam zum Festhalten von Dingen zu benutzen, bewegt einen Gegenstand, um an einen anderen heranzukommen.
- 9 Monate: Es wirft Dinge absichtlich hinunter, kann Gegenstände von einer Hand in die andere nehmen.

- 10 Monate: Es bewegt den Daumen gegen die anderen Finger, um etwas festzuhalten.
- 12 Monate: Es sammelt kleine Dinge im „Pinzettengriff“ zwischen Daumen und Zeigefinger auf.
- 13 Monate: Es plant das Greifen, indem es zuerst die Hand in die beste Position bringt, kann ein Spielzeug in einen Behälter legen.
- 14 Monate: Es legt Bauklötze aufeinander.
- 17 Monate: Es kann einen Ball hochwerfen.
- 18 Monate: Es baut einen Turm aus vielen Klötzchen, hält einen Stift und malt Zeichen auf ein Blatt Papier.

HÖREN LERNEN

- Nach der Geburt: Es wendet sich einer Stimme zu.
- 1 Monat: Es beginnt, Geräusche zu unterscheiden.
- 3 Monate: Es dreht den Kopf auf ein Geräusch hin nach rechts oder links.
- 4 Monate: Es kann den Ursprung eines Geräuschs lokalisieren.
- 5 Monate: Es kann Stimmen und Melodien unterscheiden.
- 6 Monate: Es kennt seinen eigenen Namen und kann bestimmte Klänge zuordnen.
- 10 Monate: Es reagiert auf Namen vertrauter Dinge wie „Teddy“ oder „Tasse“, folgt einfachen Aufforderungen wie „gib mir“ oder „zeig mir“.

Spielen und Verhalten

Spiel bildet die Grundlage aller frühkindlichen Lernprozesse. Immer, wenn Sie mit Ihrem Baby spielen, bringen Sie ihm etwas bei, z.B. daß einige Dinge weich, andere aber hart sind; manche Dinge können versteckt werden, andere nicht; manche springen wieder hoch, wenn man sie hinabwirft. Spielen hat zudem soziale Aspekte: Durch Spielen lernt Ihr Baby etwas über Teilen und sich Abwechseln, Fähigkeiten, die es später in der Spielgruppe oder im Kindergarten unbedingt braucht.

3

LERNEN, GEFÜHLE AUSZUDRÜCKEN

- Nach der Geburt: Es beobachtet Ihr Gesicht, wenn Sie sprechen, lächelt flüchtig, reagiert auf Erschrecken.
- 1 Monat: Es zeigt erstes soziales Lächeln.
- 2 Monate: Es zeigt deutliches soziales Lächeln als Zeichen des Erkennens.
- 4 Monate: Es lächelt sich selbst im Spiegel an, lächelt als Reaktion auf bekannte Gesichter, drückt Vergnügen durch Ausstoßen von Tönen aus.
- 5 Monate: Es lächelt zurück, wenn jemand lacht.
- 6 Monate: Es lächelt in Erwartung eines Lieblingsspiels oder -reims.
- 7 Monate: Es zeigt eventuell Furcht oder Scheu.
- 12 Monate: Es lächelt und lacht über seine eigenen Aktivitäten, reagiert ängstlich auf Fremde.
- 15 Monate: Es zeigt Vorlieben, möchte seinen Kopf durchsetzen.

LERNEN, SICH ZU VERSTÄNDIGEN

- Nach der Geburt: Es ahmt Ihre Gesten nach.
- 2 Monate: Es beteiligt sich an einer „Konversation“, wenn Sie ihm Zeit zum „Antworten“ geben.
- 4 Monate: Es bewegt die Lippen, als ob es sprechen würde, brabbelt zurück, wenn es angesprochen wird.
- 5 Monate: Es „spricht“ mit einem Gegenstand unter Verwendung sprachähnlicher Laute.
- 6 Monate: Es kennt seinen Namen.
- 7 Monate: Es imitiert einfache Aktionen, ahmt

Geräusche nach und brabbelt im Ton eines Erwachsenen.

- 8 Monate: Es schreit, um Aufmerksamkeit zu erregen.
- 9 Monate: Es beherrscht ein bedeutsames Wort oder Zeichen, brabbelt sprachähnlich.
- 10 Monate: Es reagiert auf einfache Aufforderungen und auf vertraute Dinge.
- 11 Monate: Es sagt nein, beherrscht zwei oder drei bedeutsame Worte oder Zeichen.
- Es kann schwierigere Aufträge erfüllen wie „Leg die Puppe in den Buggy“.
- 15 Monate: Es spricht 10 bis 20 verständliche Worte, kann Zwei-Wort-Sätze bilden.
- 17 Monate: Es kann sich verständlich machen.
- 18 Monate: Es versteht mehr, als es sagen kann, hat einen Wortschatz von etwa 50 Worten und kann einige Körperteile benennen.

SPIELEN LERNEN

- 2 Monate: Es kann nur eine willentliche Handlung auf einmal vornehmen.
- 3 Monate: Es erkennt vertraute Personen, hört auf zu weinen, wenn Sie den Raum betreten, lacht und ist überrascht.
- 4 Monate: Es langweilt sich, wenn es alleingelassen wird.
- 6 Monate: Es kann zwei willentliche Aktionen zugleich ausführen; diese können auch miteinander verbunden sein, z.B. einen Knopf drücken, um das Spielzeug quieken zu lassen.

- 7 Monate: Es sieht weggeworfenen Dingen nach, spielt „Guck-Guck-Spiel“.
- 10 Monate: Es kann mehrere willentliche Aktionen gleichzeitig ausführen, findet selbst ein Spielzeug, das es haben will, liebt Lieder und Spiele zum Mitmachen.
- 11 Monate: Es versucht sich in Spielen, bei denen Formen sortiert werden müssen, und ist frustriert, wenn ein Teil nicht paßt; es freut sich, wenn es etwas Schwieriges geschafft hat.
- 12 Monate: Es spielt Spiele mit Ihnen, spielt „Verschwinden“ mit Gegenständen (es weiß jetzt, daß Dinge existieren, auch wenn man sie nicht mehr sieht).
- 18 Monate: Es spielt neben, aber nicht mit einem gleichaltrigen Kind (obwohl es mit einem älteren Bruder oder einer älteren Schwester spielen würde).

VERHALTENSPROBLEME

Einerseits ist die Persönlichkeitsentwicklung Ihres Babys ein Quell der Freude. Auf der anderen Seite bedeutet seine wachsende Unabhängigkeit, daß es weniger leicht beeinflußbar ist und eher nein als ja sagt, wenn Sie ihm etwas auftragen. Ohne den Wortschatz für eine vernünftige Argumentation und ohne emotionale Kontrolle ihrer Gefühle drücken Babys, Kleinkinder (und ältere Kinder) Ärger, Frustration, Müdigkeit oder Reizbarkeit auf unterschiedliche Weise aus.

WUTANFÄLLE

Wutausbrüche sind bei Zweijährigen nichts Seltenes. Aber auch bei jüngeren Kindern können sie sich schon durch Schreien, Treten, Kreischen, Wälzen auf dem Boden und Werfen von Gegenständen äußern. Im Extremfall können Wutanfälle bis zu eine Stunde andauern, meist gehen sie aber nach wenigen Minuten vorbei. Manche Kinder haben sie täglich, bei anderen treten sie nur gelegentlich auf.

- Vorbeugen: Verhindern Sie auslösende Situationen, z.B. etwas zu tun, wenn Ihr Kind hungrig oder müde ist.
- Ablenkung: Sie können einem drohenden Wutanfall vorbeugen, indem Sie verschiedene Aktivitäten vorschlagen: eine Kassette hören, spazierengehen, ein Spiel spielen. Stellen Sie keine offenen Fragen („Was sollen wir jetzt machen?“), sondern unterbreiten Sie Vorschläge („Sollen wir in den Park gehen oder mit deinen Puppen spielen?“).
- Entfernen: Wenn das Kind den Wutausbruch zu Hause hat, bringen Sie es in einen anderen Raum; passiert es in einem Geschäft, gehen Sie mit ihm nach draußen. Alternativ dazu können Sie sich auch selbst entfernen: Vergewissern Sie sich, daß es sich nicht verletzen kann, und verlassen Sie das Zimmer.
- Nehmen Sie es auf den Arm: Manche Kinder brauchen die Rückversicherung, daß sie geliebt werden.
- Ruhe bewahren: Beugen Sie sich zu ihm hinunter und sprechen Sie mit sanfter Stimme.
- Bleiben Sie konsequent: Wenn das Kind die gesetzten Grenzen kennt, wird es kaum versuchen, durch einen Wutausbruch etwas zu erreichen.
- Sie sollten nicht schmeicheln, bestechen, drohen, schlagen.

DAUMENLUTSCHEN

Viele Babys finden Trost im Daumenlutschen, und die meisten anderen haben einen Schnuller oder sonst einen Seelentröster. Sie sollten dies nicht unterbinden, nur weil Sie der Anblick stört.

- Machen Sie sich keine Sorgen: Die meisten Kinder stellen das Daumenlutschen von selbst ein, überwiegend, wenn sie in die Schule kommen.
- Die Zähne Ihres Kindes können durch Daumenlutschen nicht verschoben werden, ehe die ersten bleibenden Zähne um das 6. Lebensjahr durchbrechen.

ATEM ANHALTEN

Bei manchen Kindern kann sich ein Wutausbruch bis in einen hysterischen Zustand steigern. Das Kind beginnt zu hyperventilieren, schließlich setzt die Atmung aus. Es kann sogar das Bewußtsein verlieren.

■ Meiden Sie auslösende Situationen.

■ Keine Panik: Diese Zustände sind zwar angsteinflößend für die Eltern, schaden aber dem Kind nicht. Seine Atmung setzt reflektorisch wieder ein.

BEISSEN

Einige Kinder schlagen aus Frustration um sich, andere ziehen ihre Spielkameraden an den Haaren, wieder andere beißen. In allen Fällen tun sie ihrem Opfer weh. Beißen ist unter kleinen Kindern nicht selten, die meisten wachsen aber schnell aus diesem Stadium heraus. Wenn es bei Ihrem Kind anhält:

■ Einschreiten: Beißen ist immer falsch; beißen Sie nie zurück und nie im Spiel.

■ Trennen: Halten Sie den Beißer vom gebissenen Kind fern; einige Beißer suchen sich ein beliebiges Opfer, andere lassen ihre Frustration an einem bestimmten Kind aus. Wenn Ihr Kind das Opfer ist, sprechen Sie mit den anderen Eltern. Wenn nötig, trennen Sie die Kinder.

■ Unterstützen: Kinder beißen, weil sie ihre Aggressionen nicht auf andere Weise bewältigen können. Sprechen Sie mit Ihrem Kind. Allmählich wird es lernen, statt körperlichen Trostes auch einmal beruhigende Worte anzunehmen.

MIT WUTANFÄLLEN FERTIG WERDEN

Familienmitglieder sind die ersten Vorbilder des Babys. Wenn es tagtäglich erlebt, daß Konflikte durch Schreien und Aggressivität „gelöst“ werden, wird es diese Verhaltensweisen kopieren.

■ Geben Sie ein gutes Beispiel: Schon bevor das Kind alt genug ist, Worte zu verstehen, kann es den Unterschied zwischen einer vernünftigen Diskussion und einem hitzigen Wortgefecht heraushören.

■ Schreiten Sie so bald wie möglich ein, wenn Sie sehen, daß eine Situation eskaliert. Wenn Sie voraussehen, daß Ihr Kind gleich schlagen oder beißen wird, entschärfen Sie die Situation und nehmen es zur Seite.

■ Bleiben Sie konsequent: Sie dürfen schlechtes Benehmen und aggressives Verhalten nicht an einem Tag ignorieren und am nächsten nicht.

■ Übertreiben Sie andererseits die Kontrolle nicht. Lassen Sie Ihrem Kind etwas Freiheit für eigene Entscheidungen, auch wenn sie zu Fehlern führen. Ein Kind, das nie selbst bestimmen darf, erfährt Frustration, und dies kann zur Aggression führen.

■ Wenn Sie wissen, daß bei Ihnen Frustration oft in aggressives Verhalten mündet, suchen Sie nach anderen Wegen, Ihre Emotionen auszuleben, bevor Ihr Kind älter wird. Wenn Sie sich nicht unter Kontrolle halten können, sprechen Sie mit Ihrem Arzt über eine Einzel- oder Familienberatung. Wenn Ihre Aggressionen mit Alkohol oder Drogen verknüpft sind, suchen Sie Hilfe.

Spielzeug für Ihr Baby

Ein Neugeborenes braucht eigentlich kein Spielzeug. Erst mit zwei oder drei Monaten beginnt das Baby sich dafür zu interessieren. Mit einem Jahr ist Spielzeug dann von unschätzbarem Wert. Sie können nicht fernsehen oder eine Elternzeitschrift durchblättern, ohne von Anzeigen für Spielzeug bombardiert zu werden. Und da alle Eltern möchten, daß ihr Kind „weiterkommt“, ist es nicht verwunderlich, daß sie die Behauptung glauben, Spielzeug könne seine Entwicklung fördern.

Zweifellos eignen sich viele Spielsachen aus dem gewaltigen Sortiment hervorragend für Ihr Kind. Es gibt aber auch manche teuren Dinge, die das Interesse Ihres Kindes nicht lange fesseln werden. Kinder brauchen nicht viel Spielzeug, doch das, was sie haben, sollte möglichst großen Lernwert besitzen. Wählen Sie altersgemäßes Spielzeug aus. Spielzeug für Kleinstkinder sollte die Sinne anregen. Ältere Kinder brauchen eher Spielzeug, das die körperliche und geistige Entwicklung fördert.

DIE ERSTEN DREI MONATE

Spielzeug	Lernwert
Mobiles, vor allem mit Musik; wählen Sie helle Farben und einfache Formen	Gute Übung zum Fixieren; fördern das Erkennen von Formen
Plastikring	Fördert Koordination von Armen und Händen
Rassel	Fördert die Hand-Augen-Koordination; zeigt dem Baby, wo sein Körper endet und wo das Spielzeug beginnt
Teddys über dem Kinderwagen	Gute Übung zum Fixieren; regen zum Greifen an; später kann das Baby mit ihnen plaudern
Babytrimmer	Bietet viele Berührungsempfindungen; lehrt Ursache und Wirkung; regt zum Greifen an
Spieluhr	Veranschaulicht Ursache und Wirkung.

4 BIS 6 MONATE

Spielzeug	Lernwert
Kleine weiche Puppen/Tiere	Seelentröster, die auch zum Spielen anregen
Softball	Fördert Hand-Augen-Koordination
Spiegel	Vermittelt Vorstellung vom eigenen Aussehen
Weiche Bauklötzchen unterschiedlicher Farbe/Form	Fördern Farb- und Formerkennung
Aktivitätsmatte/-zentrum	Lehrt Ursache und Wirkung
Beißring	Beruhigt das Zahnfleisch
Stoffbücher	Wecken Interesse für Bücher

6 BIS 9 MONATE

Spielzeug	Lernwert
Bauklötze	Fördern die räumliche Wahrnehmung
Bälle	Koordination von Hand und Augen
Spiegel	Vermittelt Vorstellung vom eigenen Aussehen
Pappbuch	Erkennen von Abbildungen
Telefon	Fördert phantasievolles Spielen und kommunikative Fähigkeiten
Guck-Guck-Spiel	Zeigt die Beständigkeit von Dingen

9 BIS 12 MONATE

Spielzeug	Lernwert
Verknüpfbare Bausteine	Fördern räumliche Wahrnehmung
Spielzeug zum Aufeinanderstapeln	Fördert räumliche Wahrnehmung
Steckspiele	Vermitteln die Beständigkeit von Gegenständen
Badespielzeug (Becher, Schöpfkelle usw.)	Wiegen und Abmessen, fördert die Erforschung eines anderen Mediums
Behälter	Vermitteln die Beständigkeit von Gegenständen
Lenkrad	Ermöglicht phantasievolles Spiel

13 BIS 15 MONATE

Spielzeug	Lernwert
Sortierbox	Hilft Formen zu erkennen und zuzuordnen
Lastwagen zum Schieben	Fördert Gleichgewichtssinn und Laufen
Stapelbare Ringe	Fördern sortierende Fähigkeiten
Einfache Puzzles	Schulung der Feinmotorik
Teddykette	Geschicklichkeitsübung
Lernspiel	Anregung zum analogen Denken
Sortierkoffer	Unterscheiden von Formen; Vorübung zum analogen Denken
Umrißpuzzle	Schulung der räumlichen Wahrnehmung

16 BIS 18 MONATE

Spielzeug	Lernwert
Bobbycar	Schulung der körperlichen Gewandtheit
Puppenbuggy, Puppen, Plüschtiere	Phantasievolles Spielen
Dicke Malstifte	Fördern der Geschicklichkeit
Seifenblasen	Geschicklichkeit, Entstehung von Dingen

3

Spielerische Übungen

Babys lernen durch die Interaktion mit Ihnen oder anderen Betreuungspersonen. Bevor sie krabbeln oder laufen können, findet ein Großteil dieser Interaktion im Sitzen statt und ist auf ihre mentale und soziale Entwicklung hin ausgerichtet. Wenn Sie Ihr Baby aber beobachten, während es auf dem Bett liegt oder in seinem Stuhl sitzt, werden Sie sehen, daß es selten reglos ist: Seine Beine bewegen sich, seine Hände strecken sich nach einem Spielzeug aus; es bringt seinen Stuhl zum Wackeln oder versucht, sich im Bett umzudrehen.

Babys lieben und brauchen körperliche Stimulation. Sie sollten körperbetonte Spiele mit Ihrem Baby spielen. Geben Sie ihm auch Gelegenheit, seine Kräfte auf dem Fußboden zu erforschen. Ein Baby, das immer im Bett liegt, wird nicht lernen, daß es den Kopf höher heben kann, wenn es sich auf seine Arme aufstützt.

ÜBUNGEN MIT DEM BABY

1 Setzen oder stellen Sie Ihr Baby auf Ihren Schoß und lassen Sie es vorsichtig auf und nieder wippen, während Sie singen oder mit ihm sprechen. Wenn Sie Kniereiterverse kennen – um so besser. Ihr Baby wird nicht nur die körperliche Bewegung genießen, sondern auch die Vorfreude darauf lieben lernen, endlich in den „Graben“ zu fallen.

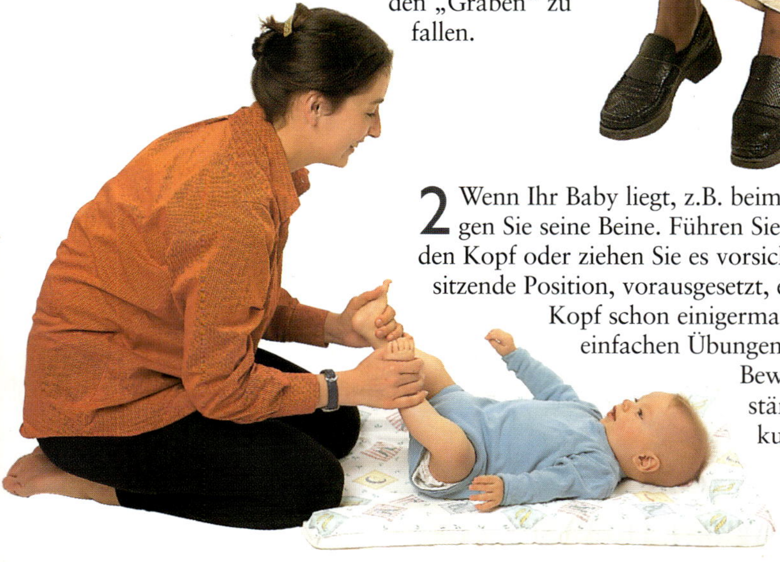

2 Wenn Ihr Baby liegt, z.B. beim Wickeln, bewegen Sie seine Beine. Führen Sie seine Arme über den Kopf oder ziehen Sie es vorsichtig in eine sitzende Position, vorausgesetzt, es kann seinen Kopf schon einigermaßen halten. Diese einfachen Übungen erweitern seinen Bewegungsradius und stärken seine Muskulatur.

3 Von starken Armen gehalten durch die Luft zu fliegen macht großen Spaß. Anfangs sah das Baby alles nur von unten, dann aus Ihrer Augenhöhe, wenn Sie es umhertrugen, und schließlich aus seiner Augenhöhe, als es sitzen konnte. Die neue Sichtweise hilft ihm bei der Wahrnehmung von Tiefe.

ZU HEFTIG?

Das Baby quiekt zwar vor Vergnügen, wenn es in die Luft geworfen und wieder aufgefangen wird. Dennoch ist Vorsicht angebracht. Dies birgt mögliche Risiken (abgesehen von dem offensichtlichen, daß beim Auffangen etwas schief gehen könnte). Solange das Baby nur begrenzte Kontrolle über seine Hals- und Nackenmuskulatur besitzt, kann es den Kopf nicht in einer Achse mit der Wirbelsäule halten, und er knickt ab. Im günstigsten Fall resultieren aus dem Schleudertrauma Nackenschmerzen. Es kann aber auch zu Gehirnschäden und zum Tode führen (deshalb sollten Sie auch nie im Zorn ein Baby schütteln). Die andere Gefahr liegt in einer Netzhautablösung, die zu dauerhaften Sehstörungen und sogar zur Blindheit führen kann. Meiden Sie also Aktivitäten, bei denen Kopf und Hals des Babys geschüttelt werden.

BEWEGLICHKEIT FÖRDERN

- Es ist nie zu früh, um die Freude an der Bewegung zu fördern. Beziehen Sie das Baby in möglichst viele Fitneß-Aktivitäten mit ein: Ausflüge ins Schwimmbad, Wanderungen (mit dem Baby im Träger) oder Joggen (mit dem Baby im Sportwagen).
- Aus einem rundlichen Baby muß nicht zwangsläufig ein dicker Teenager werden, aber die meisten dicken Teens waren schon als Kleinkinder übergewichtig. Neben einer vernünftigen Ernährung ist körperliche Bewegung die beste Möglichkeit, zukünftigen Gewichtsproblemen entgegenzusteuern.
- Suchen Sie später nach einem Sportkurs, in dem Ihr Kleinkind mit Turngeräten spielen kann, die im Durchschnittshaushalt keinen Platz haben. Versichern Sie sich aber, daß ein solcher Kurs von qualifiziertem Personal geleitet wird und mehr auf Freude an der Bewegung als auf sportlichen Wettkampf ausgerichtet ist.

3

EIN TYPISCHER TAG

Babys gleichen sich nie. Sie entwickeln sich mit unterschiedlichem Tempo, haben unterschiedlichen Appetit, unterschiedliche Vorlieben und Abneigungen. Sogar innerhalb einer Familie kommt es vor, daß ein Baby von Anfang an überall dabei sein muß, das andere dagegen für alles viel Zeit braucht. Die Übersicht soll Ihnen vermitteln, wie ein Tag mit Ihrem drei bzw. 15 Monate alten Baby aussehen könnte.

MIT DREI MONATEN

- 6.00: Es wacht zur ersten Mahlzeit auf, schläft gleich anschließend wieder ein.
- 9.00: Es wacht wieder auf, nimmt eine weitere Mahlzeit, danach wird es gebadet. Es sitzt anschließend 1/2 Stunde in seinem Kindersitz und „plaudert".
- 10.30: Es hält ein Nickerchen.
- 12.00: Es wacht auf und hat „Mittagessen"-Hunger, beschäftigt sich mit dem Babytrimmer, spielt anschließend in seinem Sitz mit einem Plastik-Schlüsselbund.
- 14.30: Es wird im Kinderwagen spazieren gefahren, schläft unterwegs ein.
- 16.00: Es wacht zu Hause wieder auf und hat Hunger.
- 16.30: Es liegt auf dem Fußboden und spielt mit seiner Mutter.
- 17.30: Es hat Bauchschmerzen, weint, will saugen, dann wieder nicht, wird zur Beruhigung im Auto auf einen kleinen Ausflug mitgenommen, schläft 1/2 Stunde.
- 19.30: Es wacht etwas zufriedener auf, spielt und „plaudert" mit den Eltern.
- 21.00: Es nimmt eine letzte Mahlzeit ein, schläft.
- 2.00: Es wacht auf zur Nachtmahlzeit, schläft anschließend gleich wieder ein.

MIT 15 MONATEN

- 6.00: Es wacht auf, spielt etwas im Bett, ruft dann nach Frühstück. Es beschäftigt sich anschließend mit seinem Spielzeug.
- 9.00: Es hält ein Nickerchen.
- 10.30: Es wacht auf, trinkt, ißt, spielt.
- 12.00: Mittagessen.
- 13.00: Es geht mit Mama zum Spielen in den Park, trifft einen Freund.
- 15.00: Rückkehr nach Hause für ein Nickerchen.
- 16.30: Es wacht rechtzeitig auf, um mit Mama zu spielen, trinkt und ißt etwas.
- 18.00: Es bekommt Tee.
- 19.00: Es badet, hört eine Geschichte.
- 20.00: Es geht schlafen.

So schützen Sie Ihr Baby

Häusliche Unfälle sind die häufigste Ursache von Verletzungen und Todesfällen bei Kindern unter 5 Jahren. Erst dann folgen Verkehrsunfälle. Natürlich möchten und können Sie die angeborene Neugier Ihres Kindes nicht zügeln, indem Sie ihm verbieten, hinzugehen, wohin es will. Sie können aber praktische Schritte unternehmen, um für größtmögliche Sicherheit im Haushalt zu sorgen. Die beste Zeit, Ihre Wohnung babysicher zu machen, liegt schon vor der Geburt. Wenn Sie damals keine Zeit hatten, müssen Sie dies auf jeden Fall nachholen, bevor Ihr Baby zu krabbeln beginnt: Ein Krabbelkind ist schnell, und bald rennt es. Sie werden später einen sechsten Sinn für das Aufspüren von potentiellen Gefahrenquellen entwickeln. Bis dahin sollen Ihnen die folgenden Seiten bei der Entscheidung helfen, welche Veränderungen Sie in Ihrem Haushalt durchführen müssen.

WOHNZIMMER SICHERN

Sobald Ihr Baby krabbeln kann, stellt das Wohnzimmer eine ernste Gefahrenquelle dar. Nun ist das Baby einerseits nur ein Mitglied Ihrer Familie, und Sie möchten Komfort und Ästhetik Ihrer Einrichtung nicht missen. Andererseits ist Ihr Baby in Gefahr, sobald Sie es nur einmal aus den Augen lassen. Man muß dem Kind von Anfang an beibringen, daß „Nein“ und „Heiß“ Worte sind, auf die es achten muß. Für das Baby ist alles ein Spielzeug: zum Ansehen, Festhalten, Kauen und zum Fallenlassen, sobald etwas Interessanteres in sein Blickfeld gerät. Einige einfache Vorsichtsmaßnahmen können eine Menge Unfälle verhindern.

Ein guter Tip: Krabbeln Sie selbst auf dem Boden herum. Was können Sie alles erreichen? Was herunterziehen? Wo könnten Sie hinaufklettern? Was hat scharfe Kanten? Gibt es aus diesem Blickwinkel etwas, das besonders schön glänzt oder sonst interessant aussieht?

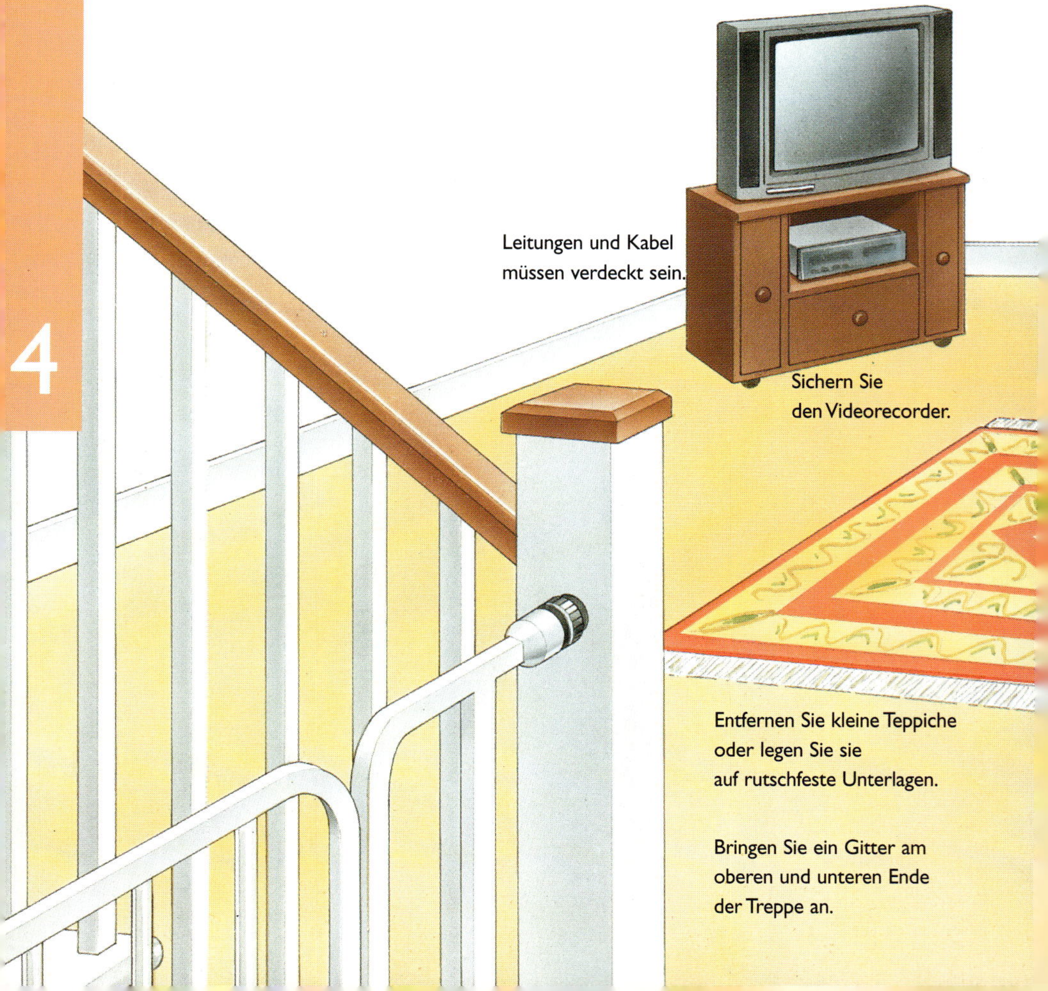

4

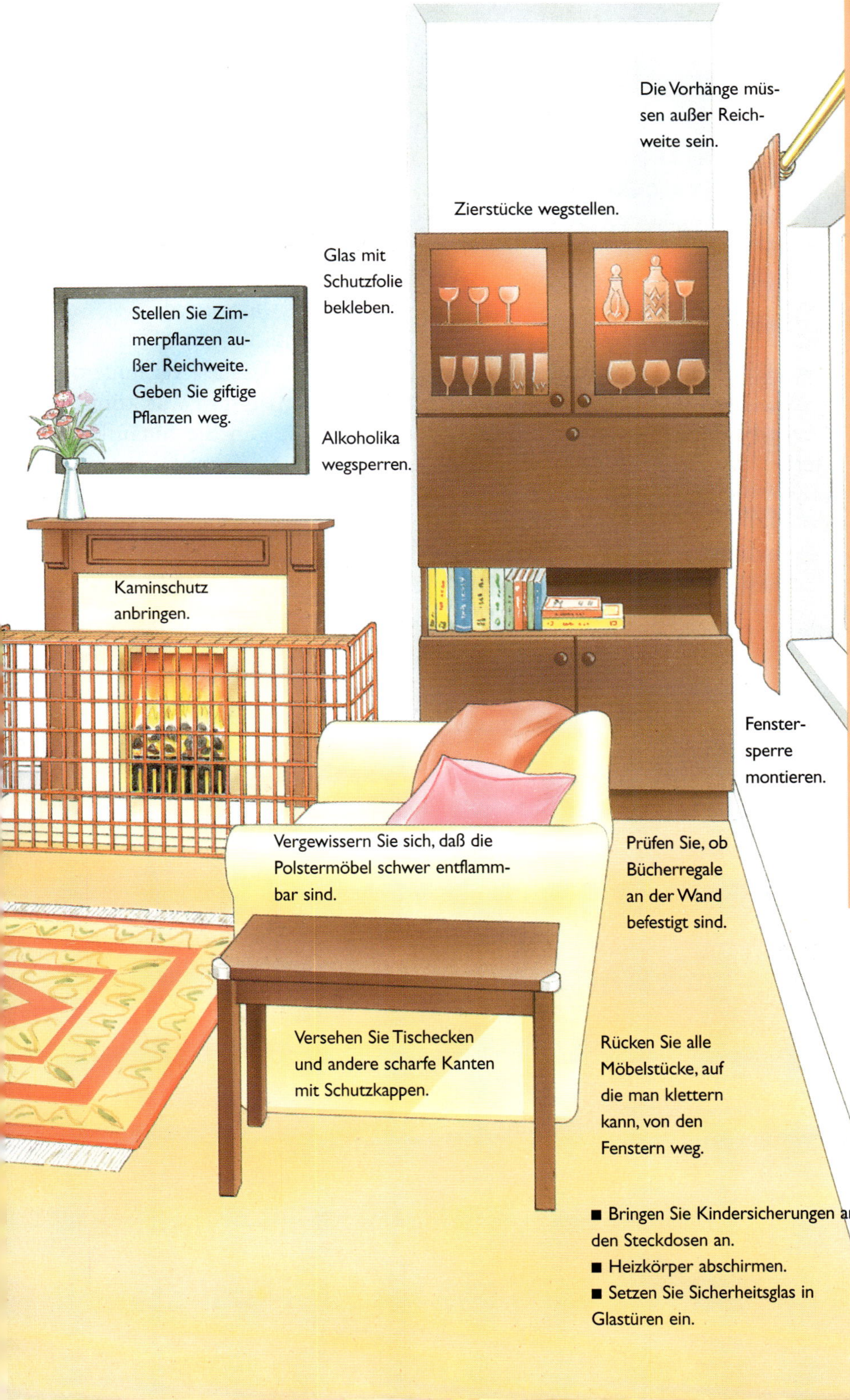

- Bringen Sie Kindersicherungen an den Steckdosen an.
- Heizkörper abschirmen.
- Setzen Sie Sicherheitsglas in Glastüren ein.

Küche und Bad

Küche und Badezimmer sind wohl die gefährlichsten Räume im Haus mit Schränken und Schubläden voller Messer und Medikamente, die die Aufmerksamkeit Ihres Babys erregen, mit Schränkchen zum Hinaufklettern, Wärmequellen zum Verbrennen und viel, viel Wasser. Einfache Vorsichtsmaßnahmen helfen Unfälle verhindern. Drehen Sie den Heißwasser-Thermostat um ein paar Grad herunter auf etwa 50 °C. Sie werden beim Duschen oder Baden den Temperaturabfall nicht bemerken, er verhindert aber eine schwere Verbrühung. Bringen Sie zusätzlich Ihrem Kind so früh wie möglich die Bedeutung von „Heiß! Nicht anfassen!“ bei. Leeren Sie jeden Wasserbehälter aus, sobald Sie ihn nicht mehr benötigen – ein Kind kann in weniger als 2,5 cm Wasserhöhe ertrinken!

BADEZIMMER

- Lassen Sie Ihr Kind niemals unbeaufsichtigt im Badezimmer.
- Benutzen Sie im Badezimmer keinerlei Elektrogeräte.
- Stellen Sie die Heizstrahler aus.

KÜCHE

- Tragen Sie Ihr Baby nicht gleichzeitig mit einem heißen Getränk.
- Stellen Sie das Baby nie auf einer Arbeitsfläche ab. Durch die Vibration eines Elektrogerätes könnte der Sitz herabstürzen.
- Sichern Sie die Messerschublade mit einem Schloß und bewahren Sie Messer immer mit der Schneide nach unten auf.

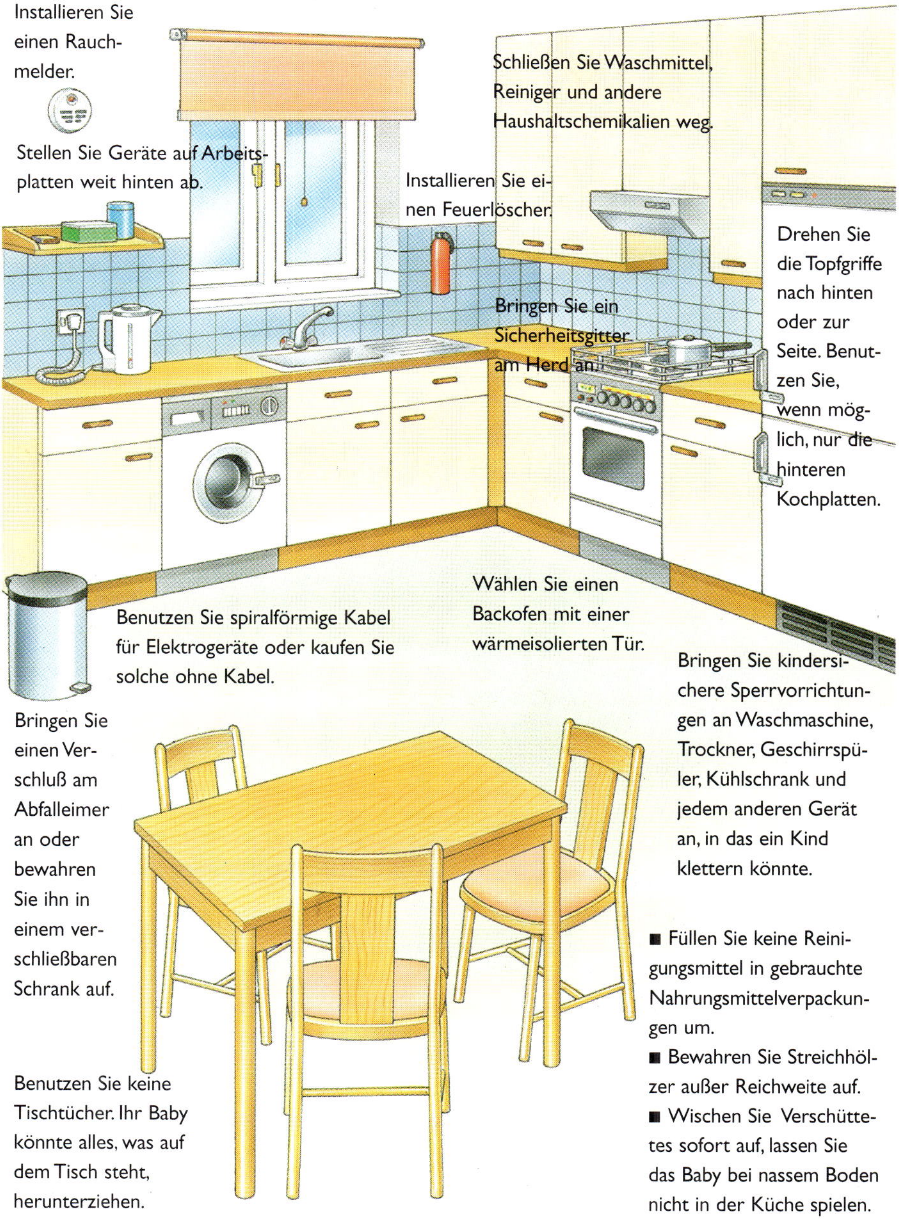

Installieren Sie einen Rauchmelder.

Stellen Sie Geräte auf Arbeitsplatten weit hinten ab.

Installieren Sie einen Feuerlöscher.

Schließen Sie Waschmittel, Reiniger und andere Haushaltschemikalien weg.

Bringen Sie ein Sicherheitsgitter am Herd an.

Drehen Sie die Topfgriffe nach hinten oder zur Seite. Benutzen Sie, wenn möglich, nur die hinteren Kochplatten.

Benutzen Sie spiralförmige Kabel für Elektrogeräte oder kaufen Sie solche ohne Kabel.

Wählen Sie einen Backofen mit einer wärmeisolierten Tür.

Bringen Sie kindersichere Sperrvorrichtungen an Waschmaschine, Trockner, Geschirrspüler, Kühlschrank und jedem anderen Gerät an, in das ein Kind klettern könnte.

Bringen Sie einen Verschluß am Abfalleimer an oder bewahren Sie ihn in einem verschließbaren Schrank auf.

Benutzen Sie keine Tischtücher. Ihr Baby könnte alles, was auf dem Tisch steht, herunterziehen.

- Füllen Sie keine Reinigungsmittel in gebrauchte Nahrungsmittelverpackungen um.
- Bewahren Sie Streichhölzer außer Reichweite auf.
- Wischen Sie Verschüttetes sofort auf, lassen Sie das Baby bei nassem Boden nicht in der Küche spielen.

Sicherheit im Garten

Ein üblicher Garten birgt zwar weniger Gefahren als das Haus; ein Baby oder Kleinkind sollte aber trotzdem überwacht werden, wenn es draußen spielt. Den größten Anlaß zur Sorge liefern Wasser, egal, ob als Teich oder Pool, und das, was Ihr Baby in den Mund zu stecken versucht. Fast alle Kinder essen in einem bestimmten Stadium Erde oder Sand, und den meisten schadet es nicht. Trotzdem ist es richtig, dies von Anfang an soweit wie möglich zu unterbinden. Auch wenn Ihr eigener Garten einigermaßen sicher ist, gibt es doch keine Garantie dafür, daß der Boden auf dem Spielplatz nicht durch Hundekot, rostige Kronkorken oder Glasscherben verunreinigt ist.

Wenn Sie mit Ihrem Kind auf den Spielplatz gehen, schärfen Sie ihm ein, nicht in den Bereich der Schaukel zu laufen und nicht die Rutsche von unten hochzuklettern.

- Lassen Sie keine Gartengeräte herumliegen.
- Halten Sie Kinder von Grills fern.
- Lassen Sie keine Gießkannen oder Eimer draußen stehen. Ein plötzlicher Regen verwandelt sie in gefährliche Fallen.
- Prüfen Sie, ob Balkon- oder Patiotüren sichere Schlösser haben.
- Montieren Sie Ausschalter an Elektrogeräte.
- Leeren Sie das Planschbecken, wenn es nicht mehr benötigt wird.

GIFTIGE PFLANZEN

Nicht alle Bestandteile der hier aufgeführten Pflanzen sind giftig. Es ist dennoch sinnvoll, jede von ihnen aus Haus oder Garten zu verbannen. Ist dies nicht möglich, sollten Sie Ihrem Kind beibringen, diese Pflanzen zu meiden. Machen Sie ihm klar, daß es allen Pflanzen, die es draußen findet, mit Vorsicht begegnen sollte.

- Azalee/Rhododendron *Rhododendron*
- Berglorbeer *Kalmia latifolia*
- Blauer Eisenhut *Aconitum napellus*
- Buntwurz *Caladium*
- Dieffenbachie *Dieffenbachia*
- Efeu *Hedera*
- Fingerhut *Digitalis*
- Goldregen *Laburnum anagyroides*
- Herbstzeitlose *Colchicum autumnale*
- Hortensie *Hydrangea*
- Hyazinthe *Hyacinthus*
- Japanische Eibe *Taxus cuspidata*
- Korallenbäumchen *Solanum pseudocapsicum*
- Kornrade *Agrostemma githago*
- Liguster *Ligustrum*
- Maiglöckchen *Convallaria majalis*
- Mistel *Viscum album*
- Narzisse *Narcissus*
- Oleander *Nerium oleander*
- Philodendron
- Prunkwinde *Ipomoea*
- Raps *Brassica napus*
- Rhabarber *Rheum*
- Rittersporn *Consolida*
- Saatplatterbse *Lathyrus sativus*
- Schwarzer Nachtschatten *Solanum nigrum*
- Schwertlilie *Iris*
- Seidelbast *Daphne mezereum*
- Stechpalme *Ilex*

Die Blätter einiger Pflanzen rufen bei vielen Menschen allergische Reaktionen hervor. Dazu zählen Nesseln, Efeu und Primeln.

4

SICHERHEIT IM AUTO

Wenn Sie Ihr Baby im Auto mitnehmen, muß es laut Gesetz in einem alters- und gewichtsgerechten Sitz festgeschnallt sein. Ein Autokindersitz reduziert das Verletzungsrisiko Ihres Kindes um rund 70 Prozent. Bei dieser Investition darf nicht gespart werden. Ein gebrauchter Sitz könnte, ohne daß Sie es wissen, in einen Unfall verwickelt gewesen sein. Kaufen Sie lieber einen neuen. Lassen Sie ihn von einem Fachmann anbringen, wenn Sie nicht sicher sind, daß Sie es selbst können.

Wenn jemand Ihr Kind im Auto mitnimmt, sollten Sie ihm Ihren Sitz mitgeben. Wenn Sie einen Mietwagen nehmen, klären Sie im voraus, ob ein Kindersitz erhältlich ist; wenn nicht, nehmen Sie Ihren eigenen (vielleicht ziehen Sie dies sowieso vor; Sie können nicht wissen, was der Mietsitz schon aushalten mußte).

Typ I

Diese Sitze eignen sich bis zum 9. Lebensmonat bzw. bis zu einem Gewicht von 9 kg. Sie dürfen nicht auf dem Vordersitz angebracht werden, wenn ein Beifahrer-Airbag eingebaut ist.

Die halbgeneigte Position erlaubt es dem Baby zu schlafen.

Der Sitz muß einen guten Schutz bei seitlichem Aufprall bieten und im Kopfbereich weich gepolstert sein.

Anbringen auf dem Vordersitz entgegen der Fahrtrichtung verringert für das Baby das Risiko, ein Schleudertrauma zu erleiden.

Das Baby sollte unabhängig vom normalen Sicherheitsgurt mit Hosenträgergurten angeschnallt sein.

Oft läßt sich die Stütze zum Tragegriff umfunktionieren. Das Baby kann so schlafend aus dem Auto getragen werden.

Stellen Sie sicher, daß die Gurtschnalle im Notfall einfach und mit einer Hand zu öffnen ist.

Typ 2

Diese Sitze passen für Babys zwischen 9 und 18 kg bzw. vom 9. Lebensmonat bis etwa zum 4. Lebensjahr. Sie werden mit dem normalen Sicherheitsgurt befestigt.

Achten Sie darauf, daß der Bezug abnehmbar und waschbar ist (vor allem, wenn Ihrem Kind beim Autofahren leicht übel wird).

Der Sitz sollte über Schultergurte verfügen.

Ihr Kind sollte die Gurtschnalle nicht selbst öffnen können.

Prüfen Sie den Sitz hinsichtlich stabiler Konstruktion und bequemer Polsterung auch für längere Fahrten.

Wenn der Sitz in Fahrtrichtung angebracht ist, kann das Baby Interessantes besser sehen.

SICHER UND BEQUEM REISEN

- Sind Sie allein mit dem Baby unterwegs, ist es günstiger, den Sitz vorn entgegen der Fahrtrichtung anzubringen. Sitzt das Baby hinten, sollten Sie einen Zusatzspiegel anbringen, durch den Sie es leichter beobachten können.
- Unternehmen Sie längere Fahrten, wenn Ihr Baby schläft.
- Wenn Sie drei Kinder auf der Rückbank mitnehmen wollen, sollten Sie eine Sicherheitsstange einbauen, an der Sie Schultergurte befestigen können.
- Ein speziell geformtes Kopfkissen erleichtert Ihrem Baby das Reisen.
- Lassen Sie nichts im Auto liegen, das im Falle eines Aufpralls umherfliegen könnte. Schon eine Packung Taschentücher auf der Fondablage kann dem Baby einen unangenehmen Schlag auf den Kopf versetzen.
- Benötigen Sie einen Sitz für ein Frühgeborenes oder für ein Kind mit speziellen Bedürfnissen, erkundigen Sie sich im Handel oder beim örtlichen Automobilclub.

BABYS UND TIERE

Ihr eigenes Haustier wird das Baby im Nu lieben, und sollte es dies nicht tun, können Sie ihm Regeln für den Umgang mit dem Baby beibringen. Trauen Sie aber keinen fremden Tieren. Halten Sie das Baby unterwegs immer von Hunden und Katzen fern. Der Hund hat vielleicht noch nie erlebt, daß ein Baby ihn küssen wollte, und die Katze ist es eventuell nicht gewohnt, am Schwanz gezogen zu werden. Hunde- und Katzenkot sind schädlich.

Kinderwagen & Trage

Ihr Baby wird sicherlich nicht nur im Auto unterwegs sein. Sie brauchen also noch andere Transportsysteme. Vielen Eltern fehlt heute der Platz für einen traditionellen Kinderwagen. Sie tendieren deshalb eher zu einem zusammenklappbaren, der auch als Tragetasche, Sportwagen und Kindersitz verwendbar ist. Wenn Sie sich für einen „Nur"-Sportwagen entscheiden, sollte es einer sein, der sich auch in Liegestellung bringen läßt. Ein Buggy ist für kleine Babys ungeeignet, aber ideal für ein größeres Kind: leicht, einfach zu falten und manövrierfähig.

Wenn Sie Zwillinge haben oder Kinder, deren Alter nicht weit auseinanderliegt, und einen Doppelsportwagen brauchen, sollten Sie die örtlichen Zeitungen durchsehen. Für solche Utensilien gibt es oft einen blühenden Secondhand-Markt.

Tragetuch, Bauch- oder Rückentrage sind die einfachsten Möglichkeiten, ein Kind mitzunehmen. Für einen Säugling bis zu sechs Monaten ist eine Bauchtrage am besten geeignet. Erst wenn das Kind ausreichend Kopfkontrolle hat, sollte es in der Rückentrage transportiert werden. Wenn Sie Ihr Baby auf diese Art mitnehmen, geben Sie ihm viel von Ihrer Körperwärme ab. Bedecken Sie seinen Kopf bei Kälte und Sonnenschein, aber ziehen Sie ihm nicht zuviel an. Wenn Ihr Bauch erhitzt ist, wird es vermutlich auch Ihrem Baby warm sein. Fühlen Sie also seinen Nacken und ziehen Sie ihm, wenn nötig, eine Schicht aus.

4

Bauchtrage oder Tragetuch

Rückentrage

■ Eine Rückentrage muß einfach anzulegen und abzunehmen sein. Können Sie es allein bewerkstelligen?

Waschbares Material

Gute Kopfstütze, die die Sicht des Babys nicht behindert

Starker Rahmen und festes Material

Genügend Spielraum für die Beine

DRAUSSEN UNTERWEGS

■ Überqueren Sie die Straße nicht zwischen parkenden Autos.

■ Bleiben Sie mit dem Wagen auf dem Bordstein, bis Sie die Straße überqueren können.

■ Benutzen Sie Fußgängerüberwege und beachten Sie die Ampelsignale.

■ Bedenken Sie, daß ein Kind im Sportwagen auf Auspuffhöhe sitzt. Versuchen Sie, es so wenig Abgasen wie möglich auszusetzen.

Kinder- und Sportwagen

■ Achten Sie auf einfachen Gebrauch: Läßt sich der Sportwagen schnell zusammenklappen? Ist er leicht genug, daß Sie ihn Treppen hochtragen können?

Das Baby sollte ein Sicherheitsgeschirr haben.

Achten Sie darauf, daß eine Liegeposition möglich ist.

Die Griffe sollten die richtige Höhe haben. Hängen Sie keine Taschen an die Griffe, die Last könnte ihn zum Kippen bringen.

■ Vergewissern Sie sich, daß die Matratze sicherheitsgeprüft ist und exakt paßt.

Leicht zu betätigende Bremse

Folgende Extras sollten erhältlich sein: Sonnenschirm, wasserfester Überzug, Einkaufskorb oder -netz, Schutznetz (z.B. gegen Katzen).

Leichtgängige Räder für gute Manövrierfähigkeit

Sicherheit im Schlaf

Beim Erwerb eines neuen Bettes sollten Sie auf Qualität und Sicherheit achten. Kaufen Sie Bett und Matratze am besten auf einmal, damit Sie sicher sein können, daß sie zusammenpassen. Falls Sie sich für ein gebrauchtes Bett entscheiden, sollten Sie das Holz auf eventuelle Bruchstellen prüfen. Wenn Sie an der Art des Anstrichs zweifeln (ältere können Blei enthalten), schleifen Sie es ab und streichen es neu. Eine Wiege sollte so weit vom Fußboden entfernt sein, daß rundherum Luft zirkulieren kann. Achten Sie darauf, daß das Bett eben und sicher steht. Wenn das Baby nicht in Ihrem Zimmer schläft, sollten Sie prüfen, ob Sie von jedem Raum im Hause aus hören können, wenn es weint. Wenn nicht, besorgen Sie sich ein Überwachungsgerät.

Spätestens wenn Ihr Baby stehen kann, sollten Sie prüfen, ob es Vorhänge, Lichtschalter, Bilder an der Wand erreichen kann. Sorgen Sie dafür, daß Ihr Baby, sollte es aus dem Bett fallen, sich nicht an scharfen Kanten, etwa der Ecke einer Kommode, stoßen kann.

PLÖTZLICHER KINDSTOD

Als plötzlichen Kindstod bezeichnet man den unerklärlichen Tod eines scheinbar gesunden Babys im 1. Lebensjahr. Der plötzliche Kindstod ereignet sich meist zwischen dem 2. und 4. Lebensmonat, häufig in der Nacht und im Winter. Trotz großer Forschungsanstrengungen wurden die tatsächlichen Ursachen für dieses Säuglingssterben noch nicht entdeckt. Einige Maßnahmen scheinen das Risiko zu verringern:

- Legen Sie Ihr Baby zum Schlafen auf den Rücken. Untersuchungen in Großbritannien zufolge verringert dies das Auftreten des plötzlichen Kindstodes um über 50 Prozent.
- In der Nähe des Kindes, am besten im ganzen Haus, darf nicht geraucht werden.
- Achten Sie darauf, daß dem Baby nicht zu heiß wird.
- Sorgen Sie dafür, daß sich das Baby nicht in die Decken einwickeln kann.
- Benutzen Sie kein Lammfell als Unterlage und ziehen Sie keine Wollbezüge über die Matratze.
- Stillen Sie Ihr Baby. Unter Brustkindern ist die Todesrate geringer.

Falls Ihr Baby Risikofaktoren für den plötzlichen Kindstod aufweist (wenn Sie etwa früher schon ein Baby deshalb verloren haben oder Ihr Baby bereits Atemstillstandsphasen im Schlaf hatte), wird Ihnen Ihr Arzt vermutlich zu einem Monitor raten, der im Schlaf die Atmung überwacht und bei Atempausen Alarm gibt. Dies garantiert nicht die Sicherheit Ihres Babys, aber Sie können es notfalls sofort wiederbeleben. Es ist wichtig, daß Sie die nötige Technik erlernen. Der plötzliche Kindstod ist eine Tragödie für die Familie. Er kommt aber relativ selten vor. Lassen Sie in den kostbaren ersten Lebensmonaten Ihres Babys nicht die Furcht davor dominieren. Wenn Sie sich zu sehr ängstigen, sollten Sie Hilfe in Anspruch nehmen.

4

RAUMTEMPERATUR

Überhitzung trägt signifikant zum plötzlichen Kindstod bei. Die Temperatur im Schlafzimmer Ihres Babys sollte zwischen 16 und 20 °C liegen.

■ Ein Kopfschutz kann die Luftzirkulation behindern und so zur Überhitzung beitragen. Wenn Sie einen benutzen wollen, achten Sie darauf, daß noch Luft zirkulieren kann und die Verschlußbänder außer Reichweite sind.

BETTEN UND MATRATZEN

Achten Sie darauf, daß alles Spielzeug sicher befestigt ist.

Benutzen Sie kein spitzenbesetztes Bettzeug, in dem sich die Finger Ihres Babys verhaken können.

Seitenteile zum Herunterklappen erleichtern das Hineinlegen und Herausnehmen des Babys. Der Mechanismus sollte einfach für Sie, aber nicht für ein älteres Baby auslösbar sein.

Spannen Sie kein Spielzeug quer über das Bett.

Höhenverstellbare Matratze: niedrigste Position für ein Baby, das stehen kann.

Paßgenaue Matratze: nirgends ein Spalt von mehr als 4 cm, härtere Matratzen sind sicherer als weiche.

Sobald das Baby stehen kann, sollten Sie den Kopfschutz und alle Spielsachen, die als Trittleiter benutzt werden könnten, herausnehmen.

Der Abstand zwischen den Holzstäben sollte nicht über 6 cm liegen.

4

SICHERES SPIELZEUG

Trotz Sicherheits-Warnhinweisen, Qualitätssymbolen und generell hohem Aufklärungsniveau der Eltern verursachen Spielzeuge noch immer häufig Unfälle von Babys und Kleinkindern. Bevor Sie Spielzeug kaufen (oder ein geschenktes Ihrem Baby geben), sollten Sie immer nachsehen, ob es ein CE-Zeichen und ein Sicherheitssiegel trägt.

Secondhand-Spielsachen sollten Sie möglichst in der Originalverpakkung kaufen. Wenn dies nicht möglich ist, prüfen Sie nach, ob Sie irgendwelche Sicherheitshinweise finden. Sehen Sie im Zweifelsfall vom Kauf ab (oder legen Sie es zurück, bis Ihr Kind älter ist). Entfernen Sie Kunststoffverpackungen und werfen Sie sie unverzüglich weg.

Selbstgemachte Puppen oder Plüschtiere sind liebenswerte persönliche Geschenke, müssen aber genauestens geprüft werden: Augen sollten versenkt, Haarbänder und Barthaare fest angenäht, Stoff und Füllmaterial gesundheitlich unbedenklich sein.

Plüschspielsachen und Stoffbücher sollten waschbar sein, Ihr Baby lutscht schließlich viel daran herum. Sie liegen auf dem Boden, im Garten. Spielsachen, die nicht waschmaschinenfest sind, können Sie zum Abtöten von Bakterien für 24 Stunden in einem Plastikbeutel ins Gefrierfach legen.

4

Prüfen Sie Material und Oberflächenbeschaffenheit der Spielsachen. Kleine Babys „kauen“ alles. Vergewissern Sie sich, daß die Oberfläche glatt und frei von Kunststoffknötchen oder Holzsplittern ist.

Luftballons sollten Sie wegwerfen, sobald sie platzen oder die Luft zu entweichen beginnt (bringen Sie sie dann selbst zum Platzen). Sie bergen, in den Mund genommen, ein enormes Erstickungsrisiko.

Prüfen Sie die Altersempfehlung auf der Verpackung. Sie soll Ihnen dabei helfen, ein Produkt auszuwählen, das nicht nur altersgemäß, sondern auch sicher für Ihr Kind ist. Der Warnhinweis, daß ein Spielzeug ungeeignet für Kinder unter drei Jahren ist, meint genau das. Eine Puppe kann abnehmbare Accessoires wie Schuhe oder Hut haben, ein Baukasten Kleinteile wie Fenster oder Blumenkübel enthalten.

Lärm schadet dem Gehör. Wählen Sie Spielzeuge aus, die sanfte Geräusche verursachen, reduzieren Sie, wenn möglich, die Lautstärke.

Schneiden Sie ein Loch von der Größe des geöffneten Mundes Ihres Babys in einen Karton. Ein Spielzeug, das durch dieses Loch paßt, ist eine potentielle Gefahrenquelle.

Eine Schnur oder ein Band von mehr als 15 cm Länge birgt ein hohes Strangulationsrisiko. Knüpfen Sie nie ein Band an den Schnuller.

Verzichten Sie auf Spielzeuge, die mit Knopfzellen betrieben werden. Die kleinen Batterien stellen eine große Gefahr dar (sollte Ihr Kind eine verschlucken, umgehend nächste Notfallambulanz aufsuchen). Wählen Sie lieber technikfreies, kreatives Spielzeug.

Sehen Sie sich die Spielsachen genau an. Wenn etwas nicht den Eindruck erweckt, als könne es gelutscht, geworfen, fallen gelassen, gezerrt und getreten werden, dann kaufen Sie es nicht.

LAUFGESTELL FÜR BABYS

Ein Baby, das frustriert von seiner Unfähigkeit zur Fortbewegung ist, liebt vielleicht die Freiheit, die ihm ein Laufgestell gibt. Laufgestelle zum Hineinsetzen bergen aber eine erhebliche Verletzungsgefahr, verzögern das Laufenlernen und können, wenn man das Baby zulange darin sitzen läßt, zu bleibenden Schäden an den Fußknöcheln führen. Wenn Sie ein Laufgestell kaufen, sollten Sie die folgenden Vorsichtsmaßnahmen treffen:

- Das Laufgestell darf nur auf ebenen Flächen benutzt werden. Schon eine Stufe von 2,5 cm kann es umstürzen lassen. Sichern Sie die Treppe durch Gitter, schließen Sie die Türen, bringen Sie Kantenschützer an den Tischen an.
- Beseitigen Sie hinderliche Gegenstände vom Fußboden.
- Achten Sie darauf, daß das Gerät stabil ist. Ein kräftiges Kind kann sonst gegen Möbel stoßen und umkippen.
- Wählen Sie ein Modell mit integrierten Spielmöglichkeiten, damit das Baby nicht nur herumfährt, sondern auch darin spielen kann.
- Erlauben Sie Ihrem Kind nicht, zu lange im Laufgestell zu bleiben.
- Lassen Sie es nie im Laufgestell allein.
- Räumen Sie das Laufgestell weg, sobald sich das Baby auf andere Weise fortbewegen kann. Das Gerät macht das Baby träge.

Gefahren von Fremden

Ein Baby erregt fast immer Aufsehen. Solange es klein ist, wird es sich wohl fühlen, wenn es im Mittelpunkt des Interesses steht. Im Alter von acht bis neun Monaten beginnt es dann, zunehmend zurückhaltender gegenüber Fremden (und darunter fallen alle außer Mama, Papa, Bruder, Schwester und eine gewohnte Betreuungsperson) zu agieren. Wenn Sie nicht viel Aufhebens davon machen – und wenn Oma überredet werden kann, nicht zu schmollen, weil sie das Baby nicht mehr zum Lachen bringen kann –, wird diese Phase bald vorübergehen.

Vielleicht ist die Zurückhaltung Ihres Babys Fremden gegenüber sogar geringer als Ihre eigene. Auch die rationalsten Eltern können sich der Wirkung von Meldungen über geraubte Babys, verschwundene Kleinkinder oder verbrecherische Kinderpornographie nicht völlig entziehen. Die Wahrscheinlichkeit, daß Ihr Kind davon betroffen werden könnte, ist aber verschwindend gering. Verringern Sie sie noch zusätzlich, indem Sie ein paar einfache Vorsichtsmaßnahmen treffen.

4

VORSICHTSMAßNAHMEN

- Lassen Sie das Baby nicht unbeaufsichtigt. Wenn Sie ein Geschäft nicht mit dem Kinderwagen betreten können, nehmen Sie das Baby heraus oder gehen Sie in ein anderes.
- Prüfen Sie die Legitimation jeder Person, bei der Sie Ihr Baby lassen. Dies gilt auch für Kinderhorte von Einkaufs- und Freizeitzentren. Erkundigen Sie sich nach dortigen Sicherheitsvorkehrungen.
- Wenn Ihr Kind laufen will, sollten Sie es mit einem Geschirr in Ihrer Nähe halten. Es wird die Zügelung seiner neu gewonnenen Freiheit zwar nicht mögen; bedenken Sie aber, wie leicht ein Kleinkind sich verlaufen kann. Seine Hand in der Ihren ist die größtmögliche Sicherheit, ganz zu schweigen von der Nervenbelastung, die eine Suchaktion im Supermarkt verursacht.
- Wenn Sie sich in einer bestimmten Situation oder in Anwesenheit einer Person verunsichert fühlen, gehen Sie weg oder rufen Sie um Hilfe.
- Erlauben Sie niemandem, Ihr Baby mitzunehmen, wenn nicht Sie, Ihr Partner oder eine andere Ihnen bekannte erwachsene Person dabei ist.
- Wenn Sie Ihr Baby beim Einkaufen aus den Augen verlieren, lassen Sie umgehend den Sicherheitsdienst verständigen. Viele Einkaufszentren verfügen über eine Videoüberwachung und können ein Kind schnell aufspüren. Jede Minute, die Sie nach dem Kind suchend umherirren, ist verlorene Zeit.
- Bringen Sie Ihrem Kind, ohne es zu ängstigen, möglichst früh bei, nicht alleine wegzulaufen und sofort zu schreien, wenn jemand es überreden will, mit ihm mitzukommen.
- Sorgen Sie dafür, daß die Umgrenzung Ihres Grundstücks unversehrt ist und Fremden den Zugang verwehrt..

Ihr Baby ist krank

Fast alle Babys werden in den ersten Monaten gelegentlich krank. Das Neugeborene hat zwar einige Abwehrkräfte von der Mutter mitbekommen, seine eigene Widerstandskraft entwickelt sich aber nur langsam. Sie können lediglich Vorsichtsmaßnahmen ergreifen, verhindern können Sie dadurch Krankheiten nicht. Sie können jedoch die Abwehrkräfte Ihres Kindes stärken, indem Sie auf gute Ernährung achten und die gängigen Schutzimpfungen vornehmen lassen. Die meisten Ärzte kommen umgehend zu einem kranken Baby. Stellen Sie, bevor Sie anrufen, eine Liste der Symptome zusammen und überlegen Sie, wann Sie diese erstmals bemerkt haben.

5

TEMPERATUR MESSEN

Wenn Ihr Baby nicht gerade zu warm angezogen ist – dann nämlich fühlt es sich heiß an, obwohl die rektale Temperatur normal ist –, genügt für gewöhnlich eine Berührung der Stirn mit der Hand oder als Kuß, um eine erhöhte Körpertemperatur festzustellen. Trotzdem ist es wichtig, mit dem Thermometer richtig umgehen zu können, etwa um Ihren eigenen Eindruck zu bestätigen oder um zu prüfen, ob die erhöhte Temperatur Ihres Babys durch ein Medikament gesenkt wurde. In den ersten Lebensjahren sollten Sie auf eine orale Temperaturmessung (im Mundraum) verzichten, da Ihr Baby auf das Thermometer beißen würde. In dieser Zeit müssen Sie sich also auf eine andere Methode verlassen. Die axillare Messung (in der Achselhöhle) ist am einfachsten und bringt in den meisten Fällen ausreichend genaue Ergebnisse. Die rektale Messung (im After) ist genauer, wird aber von vielen Kindern als unangenehm empfunden. Am einfachsten und am schnellsten läßt sich die Messung mit einem Fieber-Schnellteststreifen durchführen, allerdings ist sie nicht sehr genau. Die besten Resultate erbringt das neue Ohrthermometer, das die Temperatur im Gehörgang binnen weniger Sekunden ermittelt.

FIEBER-SCHNELL-TESTSTREIFEN

1 Nehmen Sie Ihr Baby auf den Schoß, legen Sie den Streifen auf die Mitte der Stirn.

2 Halten Sie ihn an den Enden mit jeweils einem Finger mindestens 1 Minute fest.

NORMALE KÖRPERTEMPERATUR

Die verschiedenen Meßmethoden ergeben bei Ihrem Baby unterschiedliche Werte:

REKTAL 37,6 °C

ORAL 37 °C

AXILLAR 36,4 °C

5

DIE REKTALE TEMPERATURMESSUNG

1 Geben Sie etwas Vaseline auf die Spitze des Thermometers. Legen Sie das Baby auf den Rücken und heben Sie die Beine an den Knöcheln mit einer Hand an (als ob Sie ihm eine Windel unterschieben wollten).

2 Schieben Sie das Thermometer vorsichtig etwa 1–2 cm weit in den Anus. Dort sollte es für mindestens 1 Minute bleiben. Versuchen Sie also Ihr Baby abzulenken – wenn es ein Mobile über dem Wickeltisch hat, spielen Sie damit, sprechen Sie mit ihm oder singen Sie ihm etwas vor.

Achtung: Viele Ärzte sind dagegen, daß Eltern die Temperatur Ihres Babys rektal messen, da man es leicht verletzen kann. Die axillare Temperaturmessung reicht.

WANN SOLLTEN SIE DEN ARZT RUFEN?

Eine erhöhte Temperatur muß nicht zwangsläufig bedeuten, daß Ihr Baby krank ist. Sollten aber noch weitere Symptome hinzukommen, so muß es gut überwacht werden. Rufen Sie Ihren Arzt, wenn Ihr Baby eine erhöhte Temperatur (über 38 °C) hat und zusätzlich eines der folgenden Kriterien zutrifft:

- Es ist jünger als drei Monate.
- Es ist extrem schläfrig oder lethargisch.
- Es erbricht oder hat Durchfall.
- Es nimmt keine Nahrung an.
- Es weint oder stöhnt ohne ersichtlichen Grund.

Sie sind die beste Sachverständige für Ihr Baby: Wenn Sie glauben, daß es ihm nicht gut geht, rufen Sie den Arzt.

DIE AXILLARE TEMPERATURMESSUNG

1 Beruhigen Sie Ihr Baby, bevor Sie beginnen. Längeres Weinen kann zu überhöhten Werten führen. Bringen Sie die Säule des Thermometers durch Schütteln nach unten.

2 Ziehen Sie Ihr Kind aus und wickeln Sie es in ein Handtuch. Legen Sie es auf Ihren Schoß und trocknen Sie seine Achselhöhle.

3 Legen Sie das Thermometer in die Achselhöhle und halten Sie den Arm Ihres Babys anschließend eng an seine Seite. Sie müssen das Thermometer drei Minuten lang an seinem Platz lassen.

5

MEDIZIN FÜRS BABY

Im 1. Lebensjahr werden Medikamente im wesentlichen als Sirup/Säfte oder als Tropfen eingesetzt. Die meisten Schmerz- und Fiebermittel sowie Antibiotika liegen als Sirup/Säfte vor. Tropfen eignen sich zur Behandlung verstopfter Nasen (erschweren bei jungen Säuglingen oft die Nahrungsaufnahme) und Ohren sowie verkrusteter oder entzündeter Augen. Nasen- und Augentropfen sind oft einfacher zu verabreichen, wenn eine Person das Baby hält und eine andere tropft. Üben Sie mit dem Tropfer, um herauszufinden, wieviel Druck zum Auspressen eines Tropfens notwendig ist.

Löffel eignen sich zum Abmessen und Verabreichen exakter Mengen weniger als Pipetten oder Spritzen. Außerdem lädt der Löffel die Medizin im vorderen Mundbereich ab, wo besonders viele Geschmacksknospen sitzen und ein unangenehmer Geschmack deshalb besonders stark empfunden wird. Mit der Spritze läßt sich die Medizin weiter hinten einbringen oder seitlich, etwa in den Bereich zwischen Gaumen und Wange.

AUGENTROPFEN

1 Legen Sie Ihr Baby, das betroffene Auge von Ihnen abgewandt, auf den Rücken. Halten Sie seine Arme zurück.

2 Ziehen Sie das Unterlid herunter und geben Sie die Tropfen zwischen Augapfel und Lid. Berühren Sie dabei mit der Pipette nicht das Auge.

OHRENTROPFEN

1 Legen Sie Ihr Baby auf die Seite, das betroffene Ohr nach oben gewandt.

2 Wenn Sie gerade in den Gehörgang sehen können (wenn nicht, ziehen Sie vorsichtig an der Ohrmuschel), geben Sie die Tropfen ein.

SICHERHEITSRICHTLINIEN

- Sollten Sie ein rezeptfreies Medikament in der Apotheke kaufen, geben Sie stets Alter, Gewicht und Symptome Ihres Babys an. Weisen Sie Ihren Apotheker darauf hin, wenn Ihr Kind regelmäßig Medikamente erhält. In den ersten drei Monaten Medikamente nur nach ärztlicher Verordnung verabreichen!
- Stimmen Sie Dosis und Zeitpunkt der Einnahme mit Ihrem Arzt oder Apotheker ab. Dies ist besonders wichtig bei gleichzeitiger Einnahme von zwei Mitteln.
- Klären Sie genau, wie lange ein Medikament eingenommen werden soll.
- Messen Sie exakt ab.
- Klären Sie, ob eine Arznei im Kühlschrank aufbewahrt werden muß.
- Hat Ihr Baby ein bestimmtes Medikament noch nie zuvor eingenommen, sollten Sie auf Zeichen einer allergischen Reaktion achten, etwa Hautausschlag oder Durchfall. Rufen Sie Ihren Arzt an, sobald Ihr Baby solche Symptome entwickelt.

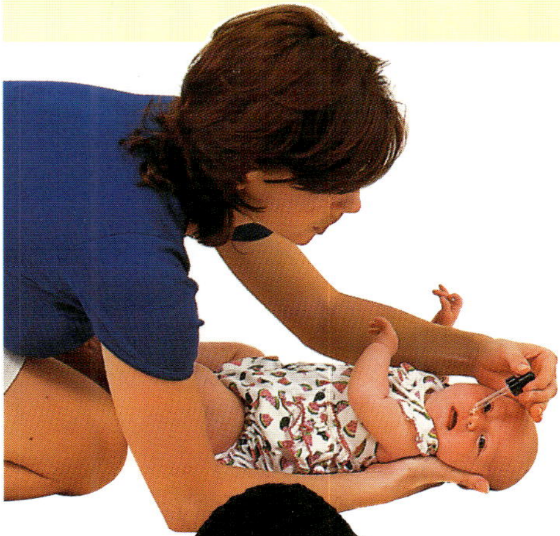

NASENTROPFEN

1 Legen Sie Ihr Baby auf den Rücken, den Kopf leicht nach hinten geneigt. Halten Sie seine Arme mit Ihrem Arm oder Körper zurück.

2 Geben Sie die Tropfen vorsichtig erst in das eine, dann in das andere Nasenloch.

MEDIKAMENTENGABE MIT DER SPRITZE

1 Nehmen Sie Ihr Baby auf den Schoß. Halten Sie einen Arm mit Ihrem Körper, den anderen mit Ihrem Arm zurück.

2 Öffnen Sie seinen Mund und führen Sie den Kolben in den Raum zwischen Gaumen und Wange. Nicht die Zunge berühren, da dies einen Würgreflex auslösen könnte.

Sicherheitshalber (im wahrsten Sinne des Wortes) sei darauf hingewiesen, daß die Medikamentengabe mit einer Spritze natürlich ohne Nadel erfolgt!

Häufige Probleme

In den ersten Lebenswochen haben fast alle Babys kleine Gesundheitsprobleme. Einige erscheinen jungen Eltern alarmierend, bedürfen jedoch nur minimaler oder gar keiner Behandlung. Andere können, früh genug erkannt, einfach kuriert werden und verzögern lediglich um 1 oder 2 Tage die Entlassung nach Hause. Keines verursacht langfristig Komplikationen.

SOORBEFALL

Was ist Soor?

Soorbeläge auf der Zunge, der Wangenschleimhaut und manchmal auch auf dem Gaumen sehen aus wie Milchreste, lassen sich aber nicht so leicht entfernen. Wenn man sie abreibt, fängt die Schleimhaut darunter zu bluten an. Verursacht werden die Beläge durch den Schimmelpilz *Candida albicans*, einen an sich harmlosen Schmarotzer auf der Mund-, Darm- und Vaginalschleimhaut. Die hormonellen Umstellungen in der Schwangerschaft stören aber oft das normale Gleichgewicht der Mikroorganismen, und der Pilz kann sich ausbreiten. Während der Geburt wird er dann von der Mutter auf das Baby übertragen. Der Soorbefall verursacht keine größeren gesundheitlichen Probleme, kann bei Babys aber die Nahrungsaufnahme erschweren. Suchen Sie nach Zeichen für einen Soorbefall, wenn Ihr Baby mehrmals beim Füttern weint.

Behandlung

Ihr Arzt wird eine pilztötende Salbe oder Tropfen verordnen, um die Infektion zu beseitigen.
Auch Sie müssen eventuell mitbehandelt werden, da der Übertragungskreislauf sonst von neuem beginnen kann. Wichtig ist, daß Sie Ihr Baby häufig wikkeln.
Auch der Stuhl Ihres Babys enthält den Pilz, der, wenn er lange genug in Kontakt mit der warmen feuchten Haut bleibt, eine Infektion rund um den Anus hervorrufen kann. (Im Zuge einer Antibiotikatherapie ist Ihr Baby besonders anfällig für Soorbefall im Windelbereich. Wickeln Sie es deshalb besonders häufig.)
Wenn Ihre Brustwarze betroffen ist, tragen Sie nach dem Stillen eine pilztötende Salbe auf und wischen Sie diese vor dem nächsten Stillen wieder ab.

5

HYDROCELE TESTIS

Was ist Hydrocele testis?

Beim männlichen Neugeborenen kommt es beim Hodenwasserbruch (Hydrocele testis) im Hodensack zu einer verstärkten Flüssigkeitsansammlung um die Hoden herum. Der Genitalbereich ist geschwollen.

Behandlung

Eine Hydrocele verschwindet fast immer innerhalb des 1. Lebensjahrs von selbst. Es ist aber sehr wichtig, daß der Arzt einen Leistenbruch (siehe rechts) als Ursache für den geschwollenen Hodensack ausschließt.

GELBSUCHT

Was ist Gelbsucht?

Bei etwa der Hälfte aller Neugeborenen (und vor allem bei Frühgeborenen) ist die Leber noch nicht voll funktionsfähig. Dies führt dazu, daß ein Endprodukt des Zerfalls von roten Blutkörperchen, das Bilirubin, nicht abgebaut werden kann, sich im Blut anreichert und eine Gelbfärbung der Augen und der Haut hervorruft. Das Baby ist schläfrig und langsam beim Trinken.

Behandlung

Meist geht die Gelbsucht mit zunehmender Leberreife am 4. oder 5. Tag von selbst zurück. Andernfalls kann eine Bestrahlung mit kühlem blauem Leuchtstofflicht in einem speziellen Inkubator helfen. Durch die Bestrahlung wird das Bilirubin in eine andere Form umgewandelt, die die Leber passieren und über die Nieren ausgeschieden werden kann.

LEISTENBRUCH

Was ist ein Leistenbruch?

Manchmal dringt ein Stück Darm in den Leistenkanal (durch den die Hoden in den Leistenkanal wandern) ein. Dies ist als Schwellung sichtbar, außerdem weint das Baby. Während des Schlafs kann das Darmsegment wieder in den Bauchraum zurückgleiten.

Selten wird eine Darmschlinge von der muskulären Wand des Leistenkanals eingeklemmt und abgeschnürt.

Behandlung

Zur Behebung eines Leistenbruchs ist ein kleiner chirurgischer Eingriff erforderlich.

Ein eingeklemmter Leistenbruch muß sofort behandelt werden. Rufen Sie den Arzt, wenn die Schwellung größer und härter wird, das Baby erbricht oder unter starken Schmerzen zu leiden scheint.

NABELBRUCH

Was ist ein Nabelbruch?

Im Mutterleib haben alle Babys eine Öffnung in der muskulären Bauchdecke, durch die die Blutgefäße in die Nabelschnur ziehen. Normalerweise verschließt sich die Öffnung bei Geburt. Manchmal geschieht dies aber nicht. Dann kann eine Darmschlinge hindurchgleiten und den Stumpf der Nabelschnur oder den Nabel selbst nach außen drücken. Dies ist beim Weinen und Pressen am deutlichsten sichtbar.

Behandlung

Die meisten Nabelbrüche bedürfen keiner Behandlung. Kleinere Öffnungen verschließen sich meist in den ersten sechs Monaten, größere noch vor dem zweiten Geburtstag.

Magen und Darm

Störungen im Verdauungstrakt sind im ersten Lebensjahr häufig. Meist sind sie einfach zu behandeln. Die folgende Aufstellung informiert Sie über die häufigsten Verdauungsprobleme und darüber, was Sie dagegen tun können.

DURCHFALL

Was ist Durchfall?

Bei Stillkindern sind lockere Stühle normal. Manche Eltern vermuten dahinter Durchfall. Echte Durchfälle sind aber charakterisiert durch:

- faul riechende, lockere, häufige und wäßrige Stühle,
- (manchmal) Bauchschmerzen.

Geben Sie dem Baby nicht durchfallhemmende Medikamente, unverdünnte Fruchtsäfte oder gesüßte Getränke.

Behandlung

- Fahren Sie mit Stillen oder Flaschennahrung fort. Wenn das Baby schon feste Nahrung nimmt, bieten Sie ihm stopfende Nahrungsmittel wie Reis, trockenen Toast oder zerdrückte Banane an.
- Geben Sie Elektrolyt-Tee.
- Rufen Sie Ihren Arzt, wenn der Durchfall mehr als 24 Stunden anhält und andere Symptome dazukommen.

ERBRECHEN

Was ist Erbrechen?

Es gibt mehrere Gründe für das Erbrechen von Babys:

- Nahrungsunverträglichkeit
- Infektion
- Überfütterung
- Verstopfung im Verdauungstrakt

Behandlung

- Geben Sie Elektrolyt-Tee.
- Geben Sie häufig kleine Mengen an Muttermilch, abgekochtem Wasser oder ungesüßtem Tee.
- Rufen Sie Ihren Arzt, wenn das Baby mehr als zwei Mahlzeiten erbricht, Durchfall dazukommt, Zeichen von Austrocknung (s. u.) auftreten.

AUSTROCKNUNG

Was ist Austrocknung?

Das Baby hat Flüssigkeit verloren. Zeichen dafür sind u. a.:

- Dunkelgelber Urin
- Seltenes Wasserlassen
- Eingesunkene Augen und Fontanelle
- Mehr als 5 Prozent Gewichtsverlust

Behandlung

Fragen Sie Ihren Arzt um Rat. Bieten Sie Ihrem Baby in der Zwischenzeit häufig kleine Mahlzeiten an und geben Sie ihm Elektrolyt-Tee.

VERSTOPFUNG

Was ist Verstopfung?

Anhand der Häufigkeit des Stuhlgangs kann die Verdauung nicht beurteilt werden, da die Frequenz von Kind zu Kind völlig unterschiedlich ist. Auch ist es normal, daß das Baby einen roten Kopf bekommt, wenn es die Windel füllt. Ihr Baby hat nur dann Verstopfung, wenn:

- es trockenen harten Stuhlgang hat,
- die Ausscheidung ihm Schmerzen bereitet,
- Blutauflagerungen auf dem Stuhl sichtbar sind.

Verstopfung ist bei Brustkindern seltener als bei Flaschenkindern. Geben Sie Ihrem Baby keine Abführmittel, außer auf ausdrückliche Anweisung Ihres Arztes.

Behandlung

- Achten Sie beim Zubereiten der Nahrung auf genaues Abmessen. Etwas zuviel Pulver könnte das Problem verursacht haben.
- Geben Sie ihm abgekochtes Wasser oder ungesüßten Tee zwischen den Mahlzeiten.
- Nimmt es schon feste Nahrung, geben Sie mehr Obst und Gemüse.
- Geben Sie ihm gut verdünnten Fruchtsaft.
- Schränken Sie bei älteren Babys den Konsum von Weißbrot und Weißmehlprodukten zugunsten von Vollkornerzeugnissen ein.

DREIMONATSKOLIK

Was ist eine Kolik?

Koliken sind bei Babys zwischen zwei Wochen und drei Monaten weit verbreitet. Für eine Kolik sprechen:

- harter Bauch,
- untröstliches abendliches Schreien,
- Beinchen beim Weinen bis zum Magen angezogen,
- allgemeine Unzufriedenheit.

Die Kolik ist keine Krankheit im eigentlichen Sinne, sondern ein Verhaltensmuster. Sie geht nicht mit Erbrechen, Durchfall oder Fieber einher und ist auch nicht die einzig mögliche Ursache abendlichen Weinens. Erst wenn andere Ursachen dafür ausgeschlossen sind, kann man von Kolik sprechen. Glücklicherweise verschwinden Koliken meist nach dem 3. Lebensmonat.

Behandlung

Die Behandlung besteht aus der Beruhigung des Babys. Reiben oder tätscheln Sie seinen Bauch, kuscheln Sie es eng an sich, geben Sie ihm etwas zu saugen. Es ist wichtig zu wissen, daß Sie eine Kolik nicht auslösen können, indem Sie etwas tun oder etwas nicht tun.

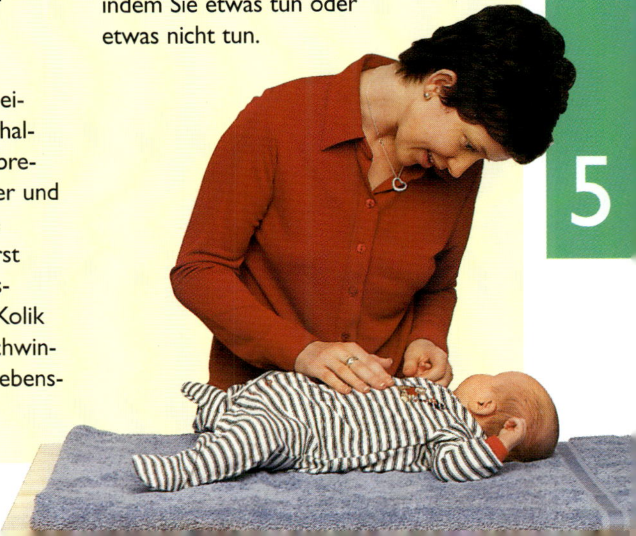

5

Augen und Ohren

Ohrinfektionen sind der häufigste Grund für den Einsatz von Antibiotika bei Babys und Kleinkindern. Ursache dafür ist der anatomische Aufbau des Ohrs. Augenerkrankungen kommen seltener vor.

VERKLEBTE AUGEN

Eine gelbliche Absonderung in einem oder in beiden Augen, die die Lider nach dem Schlafen verklebt, kann Folge eines verstopften Tränenkanals oder einer Infektion sein. Die Tränenkanäle des Babys sind sehr eng, und es ist nichts Ungewöhnliches, wenn einer oder beide bei der Geburt verstopft sind.

1 Reinigen Sie Ihre Hände, bevor Sie Ihr Baby waschen.

2 Wischen Sie die Augen mit einem in abgekochtem Wasser getränkten Leinenläppchen aus, und zwar von außen nach innen.

Liegt eine Infektion vor (meist mit Rötung und Schwellung), wird Ihr Arzt eine Salbe oder Tropfen verschreiben. Bei verstopften Kanälen wird man Ihnen wahrscheinlich raten, abzuwarten, ob der oder die Kanäle sich von selbst öffnen (meist geschieht dies bis zum sechsten Lebensmonat). In seltenen Fällen muß der Kanal vom Arzt mit Hilfe einer Sonde durchgängig gemacht werden.

ANTIBIOTIKA

Antibiotika haben die Behandlung bakterieller Infektionen revolutioniert. Allerdings sind durch die weitverbreitete Anwendung einige Erregerstämme resistent geworden. Diese resistenten Keime müssen nun mit stärkeren Antibiotika bekämpft werden. Man schätzt, daß über 50 Prozent der Bakterien, die zu Mittelohrentzündungen führen, resistent gegenüber Penicillin sind.

- Geben bzw. nehmen Sie Antibiotika nie ohne triftigen Grund. Antibiotika helfen nicht gegen Infektionen durch Viren. Wenn sich eine bakterielle Infektion im Anschluß an eine virale entwickelt, ist der Einsatz eines Antibiotikums sinnvoll. Es im voraus zu nehmen schützt aber nicht vor der bakteriellen Infektion.
- Wenn Ihr Kind erstmals eine Mittelohrentzündung (siehe rechts) hat, wird es wahrscheinlich mit einem Penicillin-Präparat behandelt. Sogenannte Breitband-Antibiotika, die gleichzeitig viele Bakterienstämme bekämpfen, sollten nur verwendet werden, wenn es unbedingt sein muß.
- Es ist umstritten, ob wiederkehrende Ohrinfektionen mit niedrig dosierten täglichen Antibiotikagaben über einen Zeitraum von zwei Monaten behandelt werden sollten. Einige Experten glauben, daß dadurch neue Infektionen, die wieder stärkere Medikamente erfordern würden, vermieden werden. Andere sehen in dieser Behandlungsform keine Vorteile.
- Ein Antibiotikum sollte immer so lange eingenommen werden, wie verordnet, und nicht abgesetzt werden, sobald es dem Baby besser geht.

SCHIELEN

Viele junge Babys scheinen zu schielen: Wenn sie ein Objekt fixieren, weicht das eine Auge ab. Die Augenmuskeln sind für eine normale Koordinierung noch nicht entwickelt. Im Alter von drei Monaten sollten die Sehachsen dann aber parallel ausgerichtet sein. Ist dies nicht der Fall, gehen Sie zum Arzt. Da Babys viel durch Sehen lernen, sollte Schielen so früh wie möglich behandelt werden.

MITTELOHRENTZÜNDUNG

Mittelohrentzündungen können durch Allergene oder durch Infektionen (Bakterien oder Viren) ausgelöst werden. Ihr häufiges Auftreten bei Babys und Kleinkindern hat mehrere Gründe:

- Babys haben kurze, relativ weite Eustachische Röhren (sie verbinden das Mittelohr mit dem Rachen). Flüssigkeiten und Keime gelangen leicht vom Nasenrachenraum ins Mittelohr.
- Die Abwehrkräfte gegen Infektionen sind noch nicht voll ausgebildet.
- Babys verbringen viel Zeit im Liegen. Das vereinfacht den Übertritt von Flüssigkeit aus dem Rachen ins Mittelohr.

Ohrentzündungen treten oft im Anschluß an eine Erkältung auf. Denken Sie daran, wenn Ihr Baby

- untröstlich weint,
- erschöpft einschläft, aber weinend wieder aufwacht, wenn es sich bewegt,
- nicht flach liegen möchte,
- am Ohr zieht oder reibt.

Mittelohrentzündungen können mit oder ohne Fieber einhergehen. Ihr Arzt wird zur Behandlung wahrscheinlich ein Antibiotikum verschreiben. Unbehandelt können Mittelohrentzündungen zu einer Ansammlung von Flüssigkeit führen, die schließlich das Trommelfell zum Platzen bringt: Das Ohr „tropft". Zwar verschafft dies dem Baby plötzliche Erleichterung, und das Trommelfell heilt auch wieder. Trotzdem ist es besser, dem durch rechtzeitige Antibiotikatherapie vorzubeugen.

Wiederholte Infektionen können zu einer chronischen Mittelohrentzündung führen. Im Mittelohr kommt es zu einer Ansammlung klebrigen Schleims. Dadurch kann das Trommelfell nicht mehr richtig vibrieren, und das Kind hört schlechter.

Sie können helfen, wiederholte Ohrentzündungen zu vermeiden, indem Sie

- stillen,
- das Baby möglichst wenigen Allergenen aussetzen,
- es beim Füttern so aufrecht wie möglich halten,
- seinen Kopf erhöht lagern, wenn es eine Erkältung hat (stopfen Sie ein Kissen unter die Matratze, nicht unter den Kopf).

Bei den meisten Kindern nimmt die Anfälligkeit für Ohrentzündungen mit zunehmendem Alter ab. Beim Wachstum wird die Eustachische Röhre enger und im Verlauf gekrümmt. Außerdem verbringen die Kinder mehr Zeit in aufrechter Position. Infektionen schlagen sich dann eher als fiebrige Erkältungen nieder.

HAUTPROBLEME

Nur wenige Babys haben glatte, reine Haut. Die Umstellung vom Leben im Mutterleib auf das Leben draußen ist groß. Die Talg- und Schweißdrüsen sind noch unreif. Meist sehen die Hautprobleme aber schlimmer aus, als sie vom Baby empfunden werden.

KOPFGNEIS

Kopfgneis ist charakterisiert durch eine talgige Schuppung der Kopfhaut. In leichten Fällen sind die Schuppen weiß bis gelblich, in schwereren mehr bräunlich. Versuchen Sie nicht die Schuppen abzureißen, es könnten Narben zurückbleiben. Kopfgneis juckt nicht und wird vom Baby nicht als störend empfunden.

1 Massieren Sie in leichten Fällen die Kopfhaut mit Oliven- oder Babyöl, um die Schuppen zu lösen. Mit einem milden Babyshampoo können sie anschließend ausgewaschen werden.

2 Bürsten Sie lose Schuppen vorsichtig mit einer weichen Bürste aus.

3 Wenn dies nicht ausreicht, kann Ihr Arzt eine Salbe zum Ablösen der Schuppen verschreiben.

Kopfgneis wird durch Wärme verschlimmert. Versuchen Sie also den Kopf Ihres Babys kühl zu halten. Kopfgneis verschwindet meist noch vor dem ersten Geburtstag.

HAUTAUSSCHLAG

- Miliaria oder Frieselausschlag bezeichnet eine Hautrötung mit hirsekorngroßen, wasserhellen Bläschen und tritt oft nach starkem Schwitzen, z.B. bei Fieberkrankheiten, auf. Sobald die Haut abkühlt, geht der Ausschlag zurück. Ziehen Sie dem Baby bei heißen Temperaturen leichte Baumwollkleidung an, fühlen Sie regelmäßig seine Temperatur und ziehen Sie ihm evtl. eine Kleidungsschicht aus.
- Milien oder Hautgries sind stecknadelkopfgroße weiße oder gelbliche Knötchen auf Wange, Stirn und Nase des Neugeborenen. Sie verschwinden ohne Behandlung nach etwa sechs Wochen. Milien nicht gewaltsam ablösen oder ausdrücken!

EKZEM

Ekzeme sind bei ausschließlich gestillten Babys selten anzutreffen. Häufig kommen sie in allergiebelasteten Familien vor. Sie treten bei Flaschenkindern erstmals um den dritten Monat herum auf, bei gestillten erst nach Einführung fester Nahrung. Oft gehen Ekzeme bis zum 18. Lebensmonat wieder zurück. Etwa jedes dritte der betroffenen Kinder leidet aber an anderen allergischen Reaktionen.

Ekzeme beginnen meist als Rötung auf den Wangen, hinter den Ohren, an Hals und Armen. Die Haut näßt, es bilden sich Krusten. Da Ekzeme stark jucken, kratzt das Baby, es entstehen Infektionen. Leichte Fälle können ohne Behandlung auskommen, meist verschreibt der Arzt aber Cremes oder Salben.

- Halten Sie die Fingernägel Ihres Babys kurz. Wenn es sehr viel kratzt, sollten Sie ihm Baumwollfäustlinge anziehen.
- Schränken Sie das Baden ein, denn es trocknet die Haut aus und verschlimmert das Ekzem. Reiben Sie die betroffenen Stellen nach dem Baden mit der von Ihrem Arzt verschriebenen Salbe ein.
- Setzen Sie Ihr Baby nicht extrem warmer, kalter oder trockener Luft aus.
- Ziehen Sie Ihrem Baby leichte Baumwollkleidung an, benutzen Sie milde biologische Waschpulver und spülen Sie die Kleidung sorgfältig durch.

WUNDSEIN

Die Kombination von Urin und sauren dünnen Stühlen kann die Haut im Windelbereich reizen und wund werden lassen. In leichten Fällen ist die Haut gerötet, in schwereren entwickeln sich Blasen oder Pusteln, die aufbrechen und Eiter absondern können.

- Lassen Sie Ihr Baby, wenn immer möglich, ohne Windel. Frische Luft beschleunigt den Heilungsprozeß. Legen Sie ein Handtuch auf seine Wickelunterlage und lassen Sie es strampeln.
- Benutzen Sie keine Hautreinigungsmittel. Der darin enthaltene Alkohol bereitet dem Baby Schmerzen und verschlimmert das Wundsein.
- Wickeln Sie Ihr Baby häufig und möglichst sofort, nachdem es Stuhlgang hatte.
- Tragen Sie eine Schutzpaste auf (z.B. Zinkoxid-Paste).
- Waschen Sie den Babypo nicht mit Seife. Achten Sie darauf, daß Stoffwindeln gut ausgespült sind.
- Wenn diese Maßnahmen nicht greifen, sollten Sie Ihren Arzt aufsuchen. Vielleicht handelt es sich um einen Soorbefall oder ein Ekzem.

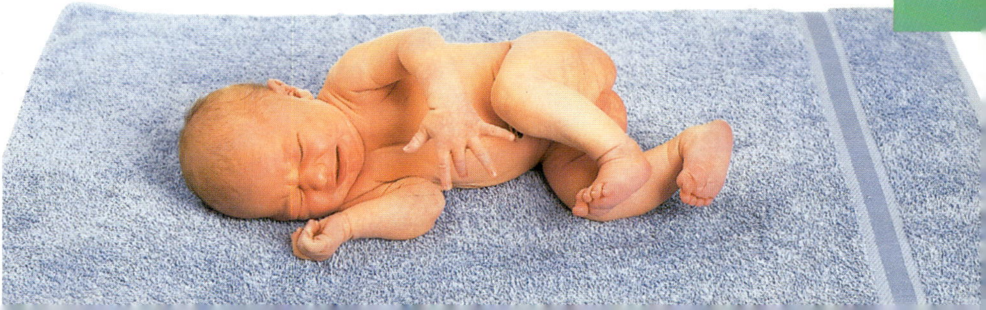

ALLERGIEN

Allergien werden durch die Freisetzung von Histamin (ein Gewebehormon) aus dem Immunsystem ausgelöst, wenn man empfindlich gegen ein bestimmtes Allergen ist. Die Tendenz zu Allergien wird in manchen Familien vererbt. Wenn beide Eltern eine Allergie haben, beträgt die Wahrscheinlichkeit, daß auch das Kind sie bekommt, 60 bis 80 Prozent. Das Allergen kann durch Einatmen, über Essen und Trinken oder durch Stiche und Bisse in den Körper gelangen (s. S. 101). Die schwerste Reaktion auf ein Allergen ist der anaphylaktische Schock (s. S. 104). Häufig von Allergien betroffen sind Atemwege (laufende Nase, erschwerte Atmung), Augen (Rötung, Tränen), Verdauungstrakt (Erbrechen, Durchfall), Haut (Rötung, Entzündung, Ekzem).

VORBEUGUNG

Sind in der Familie Allergien bekannt, kann man die Wahrscheinlichkeit, daß das Kind die Allergie erbt, durch folgende Maßnahmen reduzieren:

- Stillen Sie mindestens sechs Monate, wenn möglich länger.
- Beginnen Sie mit fester Nahrung frühestens nach dem 4. Monat; geben Sie immer nur ein neues Nahrungsmittel zur gleichen Zeit, damit Sie den Auslöser für eine Nahrungsmittelallergie herausfinden können.
- Rauchen Sie nicht, setzen Sie Ihr Kind nirgends Zigarettenrauch aus.
- Halten Sie Haustiere von Ihrem Baby fern.
- Reduzieren Sie Hausstaub auf ein Minimum. Ersetzen Sie Teppichböden durch Kork- oder Steinfliesen. Benutzen Sie spezielle Matratzenbezüge für Allergiker. Verzichten Sie auf ein Kopfkissen. Waschen Sie Bettzeug mit 60 °C. Waschen Sie Plüschspielzeug regelmäßig oder geben Sie es für 24 Stunden ins Gefrierfach.
- Lüften Sie häufig.
- Meiden Sie den Pollenflug in der Hauptblütezeit soweit wie möglich.

KUHMILCHUNVERTRÄGLICHKEIT

Manche Menschen reagieren auf Kuhmilch mit Ekzemen. Andere können keine Laktose, den natürlichen Zucker in der Milch, verdauen. Wenn Ihr Kind eine Allergie gegen Kuhmilch hat, müssen Sie zu einer Flaschennahrung auf Sojabasis wechseln. Hält die Allergie bis ins Erwachsenenalter an und richtet sie sich gegen das Eiweiß in der Kuhmilch, können Sie Schaf- oder Ziegenmilch verwenden (auch sie enthalten aber Laktose). Beide beinhalten aber nicht genügend Nährstoffe für Babys.

HÄUFIGE ALLERGENE

- Nahrungsmittel: Kuhmilch, Eier, Zitrusfrüchte, Nüsse, Nahrungsmittelzusätze und Farbstoffe
- Pollen: Gras, Blumen, Bäume
- Tierhaare und -federn
- Hausstaub
- Schimmelpilze

ASTHMA

Asthmaattacken können durch Allergene oder durch Viren ausgelöst werden. Symptome sind Kurzatmigkeit, Husten und Keuchen. Beim Asthmaanfall verengen sich die muskulären Wände der Bronchiolen (kleine Äste der Atemwege), und ihre Schleimhaut schwillt an. Daraus resultiert das keuchende Geräusch beim Atmen. Die Entzündung der Bronchiolen-Schleimhaut führt zu einer erhöhten Schleimproduktion, die wiederum zusätzlich die Atmung behindert.

Asthma ist häufig. Jedes 7. Kind hat damit zu kämpfen. An schwerem Asthma leidet allerdings nur 1 Prozent der Kinder. Jungen und Mädchen sind gleich häufig betroffen. Weniger als die Hälfte von ihnen behält das Asthma bis ins Erwachsenenalter. Asthma ist nicht die einzige Ursache für Keuchen im Kindesalter; die Diagnose muß der Arzt stellen.

VORBEUGUNG

Die Freisetzung von Histamin führt in den kleinen Atemwegen zur Kontraktion der Muskulatur. Da die Histaminausschüttung die Antwort auf einen Allergenreiz ist, stellt die Allergenvermeidung die wichtigste vorbeugende Maßnahme dar. Potentielle Allergene sind:

- Staub und Pollen
- Tierhaare
- Zigarettenrauch
- Nahrungsbestandteile
- Temperatur- und Luftfeuchtigkeitsänderungen
- Infektionen: bei den ersten Symptomen behandeln

BEHANDLUNG

Asthmaanfälle können mehrere Stunden andauern. Die beste Behandlung besteht in der Inhalation von Medikamenten, die die kleinen Atemwege erweitern und die Schleimproduktion vermindern.

1 Rufen Sie beim ersten Asthmaanfall den Arzt oder bringen Sie Ihr Kind ins Krankenhaus. Versuchen Sie es zu beruhigen und helfen Sie ihm, die Körperstellung zu finden, in der es am besten Luft bekommt.

2 Besprechen Sie nach dem Abklingen der Attacke die nächsten Schritte mit Ihrem Arzt. Vielleicht sollen Sie auslösende Nahrungsmittel finden oder versuchen, Hausstaubmilben möglichst gering ausgesetzt zu sein.

3 Lassen Sie sich einweisen, wie Sie Ihrem Kind am besten helfen können, einen Inhalator zu benutzen. Im Schulalter sind die meisten betroffenen Kinder bereits perfekt in seiner Handhabung.

FIEBER

Durch einen Anstieg der Körpertemperatur bekämpft der Organismus Infektionen mit Viren oder Bakterien.

Die meisten Babys und Kleinkinder können hohes Fieber haben, ohne besonders krank zu wirken. Es gibt aber eine bestimmte, von Kind zu Kind unterschiedliche Grenze, bei deren Überschreitung das Fieber kritisch wird und Bewußtsein oder Nervensystem beeinträchtigt. Manche Kinder weinen dann viel oder scheinen verwirrt. Andere reagieren mit Fieberkrämpfen (s. S. 104). Wenn ein Kind einmal einen Fieberkrampf hatte, beträgt die Wahrscheinlichkeit, daß es beim nächsten rasanten Fieberanstieg erneut dazu kommt, etwa 40 Prozent.

ANZEICHEN FÜR FIEBER

- Erhöhte Temperatur (s. S. 78–79).
- Ihr Baby zeigt Überreaktionen, wenn Sie es berühren, schreit bei der leisesten Berührung auf.
- Es plappert oder spricht im Schlaf.
- Es erbricht.
- Das Kind wirkt verwirrt (bei älteren Kindern häufiger der Fall als bei Babys, aber Eltern stellen oft fest, daß Ihr Baby „nicht ganz es selbst ist").

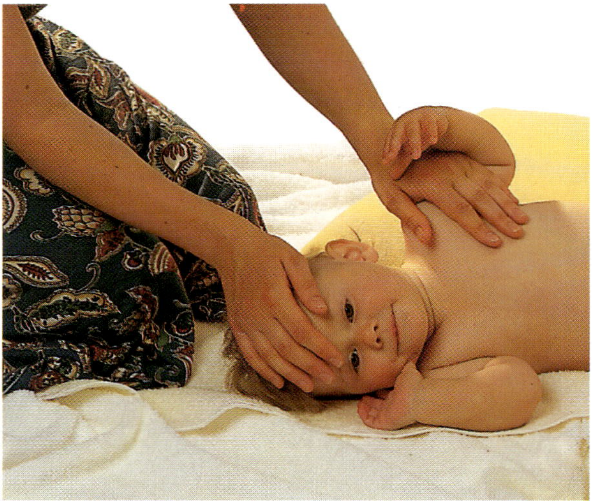

BEHANDLUNG

5

Eine leicht erhöhte Temperatur ist meist kein Grund zur Besorgnis. Häufig tragen virale Infektionen, die von selbst wieder abklingen, die Schuld. Die meisten Ärzte verschreiben fiebersenkende Mittel erst bei Temperaturen ab 38 °C, manche warten auch noch länger. Wenn das Baby zu leiden scheint, wird der Arzt Ihnen aber vermutlich raten, ihm Baby-Paracetamol zu verabreichen.

Wenn das Fieber die Antwort auf eine bakterielle Infektion ist, wird Ihr Arzt ein Antibiotikum verschreiben. Dies bekämpft die Infektion und senkt gleichzeitig die Temperatur.

- Halten Sie Ihr Baby kühl. Ziehen Sie ihm wenig an und waschen Sie es, wenn es dies ohne größeren Protest geschehen läßt, mit lauwarmem Wasser ab.

■ Geben Sie Ihrem Baby viel zu trinken. Fahren Sie mit der Brust- oder Flaschenernährung fort, wenn es sie annimmt. Bieten Sie ihm zusätzlich abgekochtes Wasser, ungesüßten Tee oder verdünnten Fruchtsaft an.

■ Geben Sie Medikamente nur auf Anraten Ihres Arztes.

■ Rufen Sie den Arzt, wenn Sie es für nötig halten (s. S. 79).

HUSTEN UND SCHNUPFEN

Je geselliger Ihr Baby wird, desto häufiger kommt es in Kontakt mit Bakterien und Viren, die Husten und Schnupfen auslösen können. Niesen ist bei Babys aber nicht immer Zeichen einer Erkrankung. Viele Substanzen, z.B. Hausstaub, reizen die Schleimhäute des Babys. Niesen ist oft nur ein Versuch des Babys, seine Nase freizubekommen.

Erkältungen sind meist keine schweren Erkrankungen, können aber zu Unwohlsein führen.

■ Wenn Ihr Baby Schwierigkeiten beim Atmen und Saugen hat, fragen Sie Ihren Arzt nach Nasentropfen.

■ Wenn es nachts schlecht Luft bekommt, stopfen Sie ein Kissen unter die Matratze, damit der Kopf erhöht liegt.

■ Fragen Sie Ihren Arzt nach einem abschwellenden Medikament.

■ Aufgesprungene Lippen und wunde Haut um die Nase reiben Sie am besten mit Vaseline ein.

■ Geben Sie Medikamente nur auf Anordnung des Arztes.

■ Bieten Sie Ihrem Kind häufig zu trinken an. Milch kann die Schleimbildung verstärken; geben Sie sie dem Baby nur dann, wenn es sie wirklich will.

MENINGITIS

Bei einer Meningitis ist die Hirnhaut entzündet, entweder durch Bakterien oder durch Viren. Virale Formen der Meningitis sind weniger schwer, bakterielle können zum Tode führen. Meningitis ist charakterisiert durch die Gleichzeitigkeit von Fieber, Kopfschmerzen, Erbrechen. Weitere Zeichen, die auf eine Meningitis hindeuten:

■ Vorausgegangene Erkältungskrankheiten

■ (Bei Babys) Spannung und Vorwölbung der Fontanelle

■ Nackensteifigkeit

■ Lichtscheue

■ Gesteigerte Berührungsempfindlichkeit

■ Bewußtseinstrübung, eventuell allgemeine Krämpfe

■ Gangunsicherheit

Wenn Sie eine Meningitis vermuten, rufen Sie umgehend Ihren Arzt oder bringen Sie das Kind ins Krankenhaus.

SCHUTZIMPFUNGEN

Das Baby wird mit einer Immunität gegenüber bestimmten Krankheiten geboren, da es von seiner Mutter Abwehrkräfte bekommen hat. Die Immunität kann durch Stillen ein paar Wochen länger aufrecht erhalten werden, nimmt aber im Laufe der ersten Lebensmonate allmählich ab. Die meisten Babys werden deshalb gegen gefährliche Krankheiten geimpft. Einige dieser Krankheiten können bleibende Organ- oder Gehirnschäden hinterlassen und sogar tödlich verlaufen. Der Grund für das heute seltene Auftreten dieser Krankheiten liegt in der hohen Durchimpfungsrate. Die Pockenschutzimpfung z.B. ist heute nicht mehr notwendig, da die Erkrankung ausgerottet wurde.

Der Keuchhustenanteil an der DTP-Kombinationsimpfung (Diphtherie, Tetanus = Wundstarrkrampf, Pertussis = Keuchhusten) geriet durch Berichte über schwerwiegende Impfreaktionen in Verruf. Sie wurden mittlerweile wissenschaftlich widerlegt; zudem gibt es verbesserte Impfstoffe, so daß es keinen Grund mehr dafür gibt, diese Schutzimpfungen grundsätzlich abzulehnen.

WANN SOLLTE NICHT GEIMPFT WERDEN?

- Wenn Ihr Baby eine schwere Reaktion auf eine frühere Impfung hatte. Die meisten Babys zeigen eine leichte Impfreaktion mit gering erhöhter Temperatur über 24 Stunden und eventuell einer lokalen Schmerzhaftigkeit und Rötung im Injektionsbereich. Bei hohem Fieber (über 38,8 °C) und langanhaltendem Schreien sollten Sie Ihren Arzt verständigen.
- Ein Kind, das allergisch auf Hühnereiweiß reagiert, sollte nicht die MMR(Masern, Mumps, Röteln)-Schutzimpfung erhalten.
- Ein Kind, das an einer bösartigen Krankheit leidet (z.B. Krebs). sollte nicht geimpft werden.

DIE IMPFUNG AUFSCHIEBEN

In vielen Fällen wird die Impfung termingerecht vorgenommen, obwohl

- das Baby eine leichte Erkältung hat,
- in der Familie Allergien bekannt sind,
- in der Familie verstärkte Impfreaktionen bekannt sind,
- das Baby eine Frühgeburt war,
- das Baby schon in Kontakt mit einer der Krankheiten geriet,
- das Baby Antibiotika einnimmt.

ALTERNATIVEN

Einige Eltern entscheiden sich dafür, ihr Kind nicht impfen zu lassen. Es gibt aber keine sichere Alternative zu den gängigen Schutzimpfungen. Auch viele Homöopathen raten dazu, sie durchführen zu lassen.

Alter	Schutzimpfung	Verabreichung
Ab 3. Lebensmonat	**Diphtherie-Tetanus-Pertussis (DTP)** Dreimal im Abstand von 4 Wochen	Injektion
	oder **Diphtherie-Tetanus (DT)** Zweimal im Abstand von mindestens 6 Wochen	Injektion
	Haemophilus influenzae Tyb b (Hib) Zweimal im Abstand von mindestens 6 Wochen mit den DT-Impfungen oder der 1. und 3. DTP-Impfung	Injektion
	Poliomyelitis Zweimal im Abstand von mindestens 6 Wochen mit den DT-Impfungen oder der 1. und 3. DTP-Impfung	Schluckimpfung
Ab 13. Lebensmonat	**Diphtherie-Tetanus**	Injektion
	Diphtherie-Tetanus-Pertussis	Injektion
	Haemophilus influenzae Typ b (ggf. in Verbindung mit der DT- oder DTP-Impfung)	Injektion
	Poliomyelitis 3. Schluckimpfung	Schluckimpfung
Ab 15. Lebensmonat	**Masern-Mumps-Röteln**	Injektion
Ab 6. Lebensjahr	**Masern-Mumps-Röteln** (Auffrischimpfung)	Injektion
	Diphterie-Tetanus (Auffrischimpfung)	Injektion

5

Impfplan

Tragen Sie alle Schutzimpfungen, die Ihr Kind erhält, und die Reaktion darauf in den Plan ein. Sie können auch alle Impfungen vermerken, die Ihr Kind wegen einer Fernreise bekommen hat. Besprechen Sie mit dem Arzt, welche Impfungen für eine Reise notwendig sind.

IMPFUNG	DATUM	ARZT	REAKTION
DTP 1			
DT 1			
HIB 1			
POLIO 1			
DTP 2			
DT 2			
HIB 2			
POLIO 2			
DTP 3			
DTP			
DT			
HIB			
POLIO 3			
MMR			
MMR (AUFFRISCHUNG)			
DT (AUFFRISCHUNG)			
ANDERE			

Ihr Baby braucht Erste Hilfe

Die meisten Eltern kommen nie in die Situation, ihr Kind aus einem zugefrorenen Teich ziehen oder ihm etwas aus dem Rachen entfernen zu müssen. Dennoch sollten alle Eltern wissen, was im Notfall zu tun ist. Ein Buch kann einen Erste-Hilfe-Kurs nicht ersetzen. Solche Kurse werden z.B. vom Roten Kreuz angeboten. In Notfallsituationen kann schnelle Hilfe Leben retten, handeln Sie aber nicht überstürzt. Analysieren Sie vor dem Eingreifen das Ausmaß des Problems und übersehen Sie nicht die Gefahren, die Ihnen selbst drohen.

Wiederbelebung

Alle Eltern sollten im Rahmen eines Erste-Hilfe-Kurses die Technik der Herz-Lungen-Wiederbelebung erlernen. Wenn bei Ihrem Kind Risikofaktoren für den plötzlichen Kindstod vorliegen, müssen Sie wissen, was zu tun ist, wenn das Kontrollgerät wegen einer Atemstörung Alarm gibt. Prüfen Sie erst genau, ob eine Wiederbelebung wirklich erforderlich ist, ob Ihr Baby nicht nur tief schläft oder einen Krampfanfall hat. Sprechen Sie es an, rütteln Sie es vorsichtig oder kneifen Sie es in die Haut. Dann rufen Sie nach Hilfe. Denken Sie an das ABC: Atemwege, Beatmung, Circulation (Kreislauf). Machen Sie die Atemwege Ihres Babys frei. Sollte es dann noch nicht atmen, beginnen Sie mit der Beatmung. Bei keinem/schwachem Puls müssen Sie mit der Herzdruckmassage beginnen, um Blut aus dem Herzen in den Blutkreislauf zu pumpen.

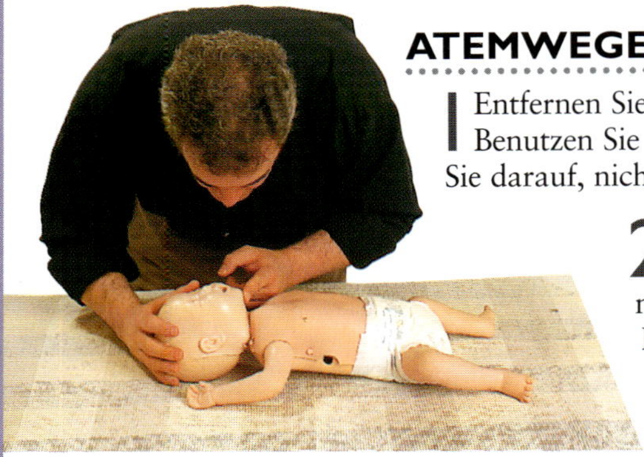

ATEMWEGE

1 Entfernen Sie, wenn nötig, einen Fremdkörper. Benutzen Sie Ihren kleinen Finger und achten Sie darauf, nichts weiter nach hinten zu schieben.

2 Öffnen Sie die Luftwege, indem Sie seinen Kopf nach hinten neigen und mit einem Finger das Kinn nach oben drücken.

BEATMEN

Kontrollieren Sie, ob sich der Brustkorb hebt oder senkt. Achten Sie auf fühlbare Atemstöße. Zählen Sie bis 5. Wenn Sie nichts sehen und fühlen können, prüfen Sie den Puls, beginnen Sie mit der Beatmung.

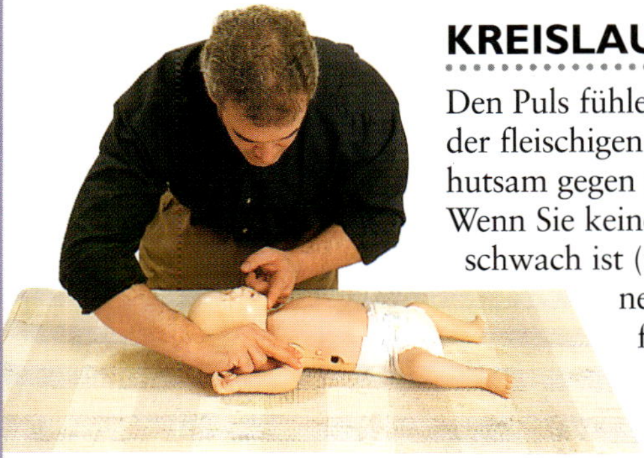

KREISLAUF

Den Puls fühlen Sie am besten mit zwei Fingern an der fleischigen Seite des Oberarms. Drücken Sie behutsam gegen den Knochen und zählen Sie bis 5. Wenn Sie keinen Pulsschlag fühlen oder er sehr schwach ist (unter 70 Schlägen pro Minute), beginnen Sie mit der Herzdruckmassage. Rufen Sie einen Krankenwagen.

ATEMSPENDE

Wenn Ihr Kind nicht atmet, aber einen guten Puls hat, reicht Atemspende als alleinige Maßnahme aus. Lassen Sie von einem Helfer den Notarztwagen rufen.

1 Überstrecken Sie den Kopf Ihres Babys. Setzen Sie Ihren Mund auf Mund und Nase des Babys und atmen Sie aus (nicht pressen, sondern nur ausatmen).

2 Wenn sich der Brustkorb während der Atemspende hebt, machen Sie es richtig. Lassen Sie die Luft entweichen und fahren Sie mit der Beatmung fort. Die Frequenz sollte etwa 20 pro Minute betragen. Prüfen Sie nach jeder 10. Beatmung, ob der Puls noch fühlbar ist.

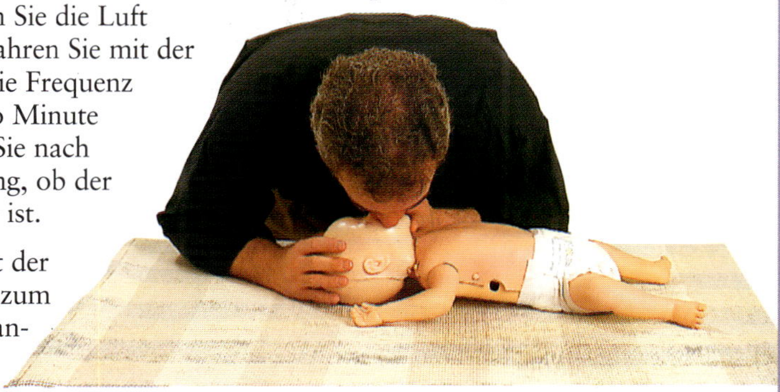

3 Fahren Sie mit der Beatmung bis zum Eintreffen des Krankenwagens fort.

HERZDRUCKMASSAGE

Wenn Ihr Baby keinen oder einen äußerst schwachen Puls hat, müssen Sie mit der Herzdruckmassage beginnen. Lassen Sie den Krankenwagen rufen.

1 Legen Sie zwei Fingerspitzen auf die Brustkorbmitte Ihres Babys, etwa einen Fingerbreit unterhalb der Brustwarzenhöhe.

2 Drücken Sie den Brustkorb etwa 2 cm tief ein. Sie sollten etwa 100 Kompressionen in der Minute anstreben, also 5 in 3 Sekunden.

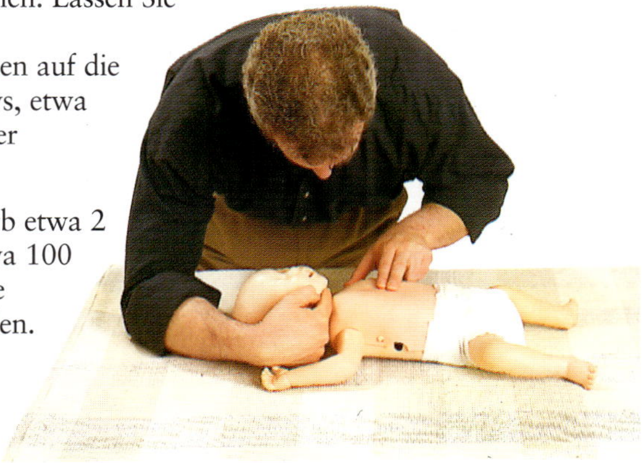

3 Verringern Sie den Druck nach jeder Kompression.

WIEDERBELEBUNGSMASSNAHMEN

Wenn Ihr Baby nicht atmet und keinen Puls hat, müssen Sie Atemspende und Herzdruckmassage kombinieren.

1 Führen Sie einleitend fünf Atemspenden (s. o.) nacheinander durch und messen Sie den Puls.

2 Es folgen fünf Herzdruckmassagen (s.o.) und eine Atemspende.

3 Wiederholen Sie Phase 2 + Puls fühlen eine Minute lang (20 Zyklen).

4 Wenn Sie dann noch immer alleine sind, rufen Sie einen Krankenwagen (nehmen Sie Ihr Baby mit zum Telefon). Führen Sie den Zyklus von fünf Massagen, gefolgt von einer Beatmung, bis zu seinem Eintreffen fort.

Fremdkörper

Mit den Fingern können Erwachsene Fremdkörper in Kindernasen und -ohren eher weiter hineinschieben als herausholen. Wenn Sie sich nicht ganz sicher sind, daß Sie helfen können, bringen Sie Ihr Kind lieber zum Arzt oder in die Klinik. Wenn Sie einen unangenehm riechenden Ausfluß aus Ohr, Nase oder Scheide bemerken, kann ein Fremdkörper die Ursache sein.

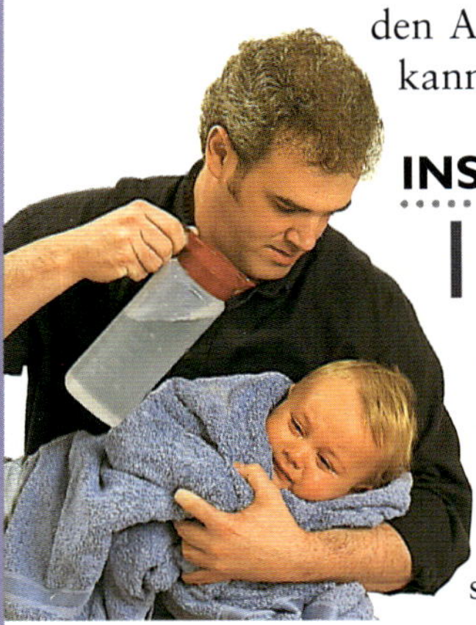

INSEKT IM OHR

1 Legen Sie Ihr Baby auf ein Handtuch, mit dem betroffenen Ohr nach oben.

2 Mit weiterem Handtuch die Schulter abdecken und vorsichtig etwas lauwarmes Wasser ins Ohr träufeln, um das Insekt emporzuschwemmen.

FREMDKÖRPER IM AUGE

1 Ermuntern Sie Ihr Kind, zu blinzeln oder mit dem Auge zu zwinkern. Wenn dies nichts nützt, setzen Sie es in gutes Licht und öffnen vorsichtig seine Lider.

2 Versuchen Sie den Fremdkörper mit der angefeuchteten Ecke eines sauberen Taschentuchs zu entfernen.

3 Gelingt dies nicht, können Sie versuchen, den Fremdkörper auszuspülen, indem Sie lauwarmes abgekochtes Wasser in den inneren Augenwinkel laufen lassen.

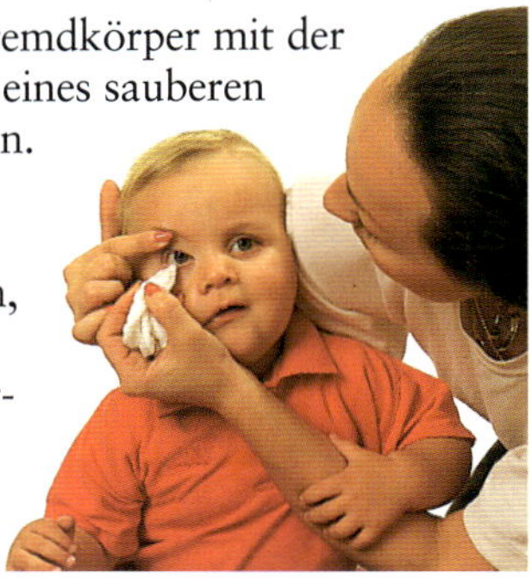

WANN IN DIE KLINIK?

- Wenn Ihr Baby etwas in Nase oder Scheide gesteckt hat.
- Wenn etwas anderes als ein Insekt im Ohr ist.
- Wenn Sie ein Insekt im Ohr bzw. einen frei beweglichen Fremdkörper im Auge nicht selbst entfernen können.
- Wenn etwas ins Auge eingedrungen ist und festsitzt. Decken Sie das Auge mit einer Mullkompresse ab, die Sie mit Pflasterstreifen fixieren.

SPLITTER

1 Säubern Sie das betroffene Hautgebiet mit Wasser und Seife.

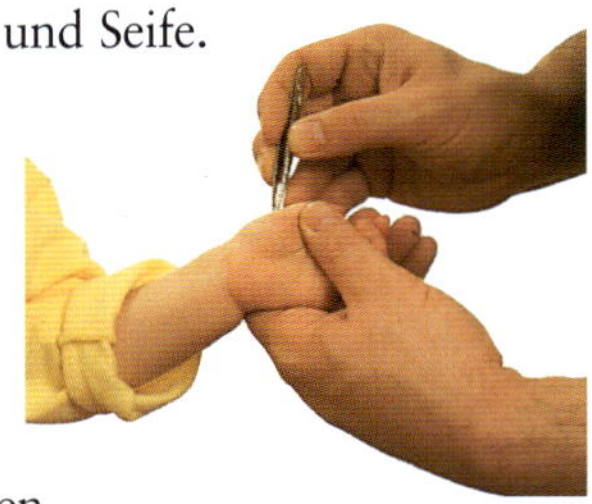

2 Fassen Sie den Splitter mit einer Pinzette so nah an der Haut wie möglich und ziehen Sie ihn in der Richtung heraus, wie er auch eingedrungen ist.

3 Säubern Sie die Stelle nochmals. Bei fehlender Tetanusimpfung sicherheitshalber den Arzt befragen.

Bisse und Stiche

Die meisten Stiche und Bisse erfordern nur wenig Behandlung. In schwereren Fällen hilft es dem Arzt bei der Behandlung, wenn Sie ihm sagen können, welches Tier Ihr Baby gebissen oder gestochen hat und wann Ihr Kind seine letzte Tetanusimpfung erhielt. In einer tollwutgefährdeten Region, müssen Sie Ihr Baby möglichst rasch zum Arzt bringen, falls es von einem Hund, einer Katze oder einem Fuchs gebissen wurde, denn der Impfstoff wirkt nur innerhalb von 24 Stunden. Zu Blutungen und Schock s. S. 102, 104.

Insektenstiche

1 Wenn der Stachel noch in der Haut sitzt, fassen Sie ihn mit einer Pinzette und ziehen ihn wie einen Splitter heraus (s. S. 100).

2 Waschen Sie das Hautgebiet mit Wasser und Seife. Legen Sie anschließend für 10 Minuten eine kalte Kompresse auf.

Schlangen

1 Den betroffenen Körperteil möglichst tief lagern, um dem Gift das Eindringen in den Kreislauf zu erschweren. Das Kind möglichst wenig bewegen.

2 Rufen Sie einen Krankenwagen. Ist dies unmöglich, so stellen Sie das betroffene Glied mit einer Schiene ruhig (s. S. 106) und suchen auf dem schnellsten Wege ein Krankenhaus auf.

3 Das Gift nicht heraussaugen, die Wunde nicht aufschneiden.

Meerestiere

1 Wenn Ihr Kind auf ein Tier mit Stacheln oder Dornen getreten ist, baden Sie den Fuß etwa 30 Minuten lang in möglichst heißem Wasser. Wenn dann noch Stacheln übrig sind oder der Fuß anschwillt, bringen Sie das Kind ins Krankenhaus.

2 Wenn Ihr Kind Kontakt mit einer Qualle hatte, bestäuben Sie das Hautareal mit Körperpuder, um die Quallenzellen abzulösen.

Tierbisse

1 Waschen Sie die Wunde mit Wasser und Seife aus und halten Sie sie 10 Minuten unter Fließwasser.

2 Tupfen Sie die Wunde trocken und bedecken Sie sie mit einem sterilen Verband.

BLUTUNGEN

Schon kleine Wunden können stark bluten. Nehmen Sie sich die Zeit, um einzuschätzen, wie groß die Wunde ist, ob sie verschmutzt ist, ob Ihr Kind nur durch den Anblick des Blutes außer Fassung geraten oder tatsächlich in Not ist (und in einen Schockzustand geraten könnte).

SCHRAMMEN UND KRATZER

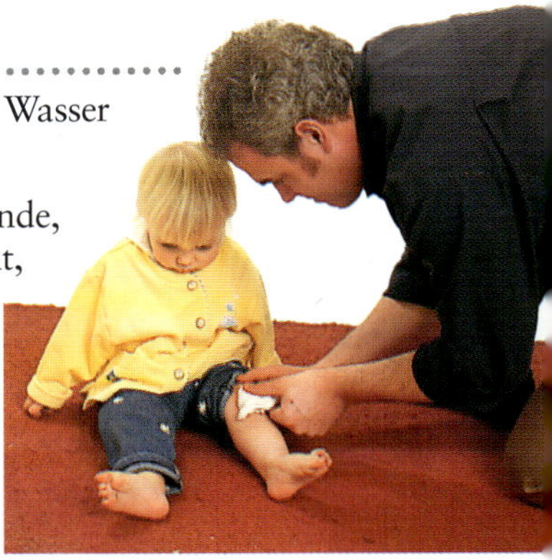

1 Waschen Sie die Verletzung mit einer in warmem Wasser getränkten Mullkompresse ab.

2 Drücken Sie eine saubere Kompresse auf die Wunde, um die Blutung zu stillen. Wenn die Blutung steht, schützen Sie die Wunde mit einem Pflaster.

STÄRKERE BLUTUNGEN

1 Pressen Sie ein sauberes Handtuch gegen die Wunde. Heben Sie den verletzten Körperteil dabei möglichst über die Herzhöhe des Kindes an.

2 Halten Sie den Druck auf die Wunde mindestens 10 Minuten lang aufrecht. Evtl. auf ein blutdurchtränktes Tuch ein frisches pressen.

3 Wenn die Blutung unter Kontrolle ist, verbinden Sie die Wunde und stellen den betroffenen Körperteil ruhig. Bringen Sie Ihr Kind ins Krankenhaus.

MASSIVE BLUTUNGEN

Anhaltende und nicht zu stillende oder aber pulsierend spritzende Blutungen bedürfen einer Notfallbehandlung. Rufen Sie einen Krankenwagen.

1 Üben Sie Druck auf die Wunde aus und halten Sie sie über Herzniveau des Kindes, wie oben beschrieben.

2 Legen Sie das Kind mit erhöhten Beinen hin und halten Sie es warm wie beim Schock (s. S. 104).

NASENBLUTEN

1 Lassen Sie das Kind mit leicht nach vorne geneigtem Kopf aufrecht sitzen. Drücken Sie die Nasenflügel mit Daumen und Zeigefinger zusammen.

2 Lassen Sie nach 10 Minuten los. Wenn die Blutung steht, wischen Sie das Blut um Nase und Mund (aber nicht im Naseninneren) mit einer feuchten Kompresse ab.

3 Wenn die Blutung anhält, drücken Sie weitere 10 Minuten.

4 Prüfen Sie, ob die Blutung steht. Wenn nicht, drücken Sie die Nasenflügel erneut 10 Minuten zusammen.

5 Wenn das Nasenbluten nach 30 Minuten nicht aufgehört hat, bringen Sie Ihr Baby ins Krankenhaus.

Ersticken

Zeichen drohender Erstickung sind würgender Husten, Ringen nach Luft, bläuliche Verfärbung der Haut. Geben Sie nicht auf, wenn Sie gegen einen Erstickungsanfall kämpfen: Das Hindernis kann kleiner werden; auch erschlafft die Muskulatur der Atemwege, wenn das Baby müde wird oder das Bewußtsein verliert, und das Hindernis kann leichter entfernt werden.

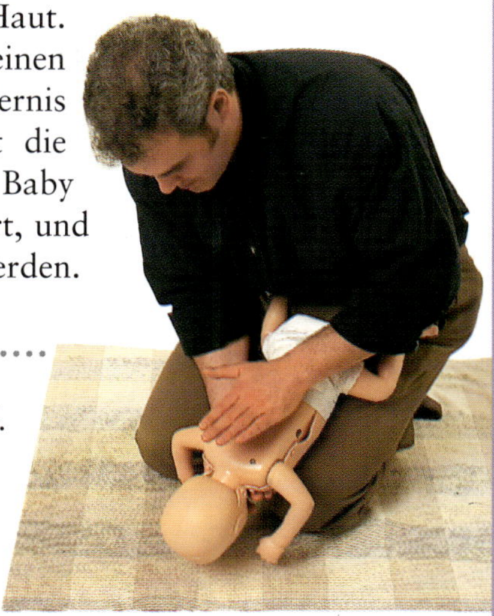

BEIM BABY

1 Legen Sie das Baby bäuchlings auf Ihren Unterarm, den Kopf tiefer als den Rumpf. Halten Sie sein Kinn zwischen Daumen und Zeigefinger.

2 Geben Sie mit der freien Hand fünf kurze Schläge zwischen die Schulterblätter.

3 Wenn dies die Blockade nicht entfernt, drehen Sie das Baby um, so daß es rücklings in Kopftieflage auf Ihrem Unterarm liegt.

4 Legen Sie zwei Fingerspitzen auf seine Brustkorbmitte, etwa fingerbreit unterhalb der Brustwarzen, und geben Sie innerhalb von 5 Sekunden fünf kurze Kompressionen bis zu einer Tiefe von etwa 2,5 cm.

5 Prüfen Sie, ob Sie jetzt im Mund des Babys das Hindernis sehen können. Wenn ja, versuchen Sie, es mit Ihrem Finger herauszuholen, andernsfalls rufen Sie den Krankenwagen.

6 Setzen Sie die Sequenz von fünf Rükkenschlägen, fünf Brustkompressionen und anschließender Mundkontrolle fort, bis Hilfe eintrifft.

BEIM ÄLTEREN KIND

Die Vorgehensweise ist prinzipiell die gleiche, nur daß Sie das Kind nicht mehr auf Ihrem Unterarm halten können. Legen Sie es für die Rückenschläge quer über Ihren Schoß. Für die Brustkompressionen drehen Sie es auf den Rükken und halten es gut fest. Kontrollieren Sie den Mund. Frequenz wie oben.

Krampfanfälle

Bei kleinen Kindern können Krampfanfälle durch Fieber oder Infektionen ausgelöst werden. Wenn Ihr Baby gerötet ist, schwitzt, mit geballten Fäusten und durchgedrücktem Rücken das Bewußtsein verliert, ist ein Fieberkrampf anzunehmen. Schaumbläschen am Mund und ruckartige Bewegungen deuten auf einen epileptischen Anfall hin.

FIEBERKRÄMPFE

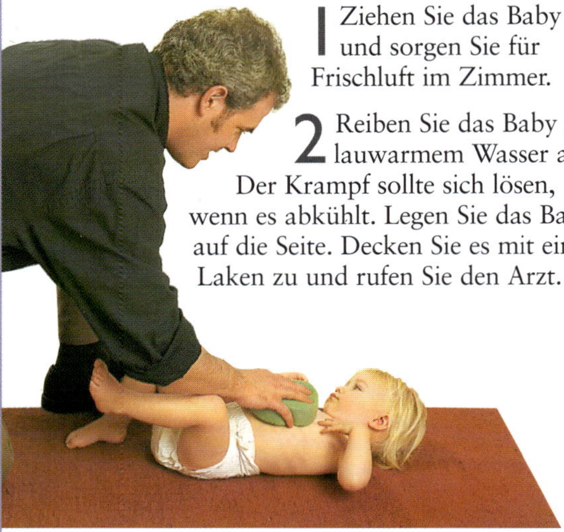

1 Ziehen Sie das Baby aus und sorgen Sie für Frischluft im Zimmer.

2 Reiben Sie das Baby mit lauwarmem Wasser ab. Der Krampf sollte sich lösen, wenn es abkühlt. Legen Sie das Baby auf die Seite. Decken Sie es mit einem Laken zu und rufen Sie den Arzt.

EPILEPSIE

1 Unterstützen Sie den Kopf des Babys mit Kissen oder Handtuch. Drehen Sie den Kopf zur Seite, damit die Zunge nicht zurückfallen und die Atmung beeinträchtigen kann, Schleim oder Schaum abfließen kann.

2 Ist der Krampfanfall vorbei, das Baby bei Bewußtsein und schläft, oder ist es bewußtlos, hat aber ausreichend Atmung und guten Puls, nehmen Sie es in die Arme und rufen Sie einen Arzt.

Schock

Verbrennungen oder schwere Blutungen können zu einem Schockzustand führen. Geben Sie dem Kind nichts zu essen und zu trinken. Wenn es durstig ist, feuchten Sie seine Lippen mit Wasser an. Der anaphylaktische Schock ist eine Reaktion auf einen Biß oder Stich, auf einen Nahrungsbestandteil oder ein Medikament.

DIE BEHANDLUNG DES SCHOCKS

1 Legen Sie das Baby auf den Boden. Schieben Sie Decken oder Kissen unter seine Beine. Drehen Sie seinen Kopf zur Seite.

2 Rufen Sie einen Krankenwagen. Versuchen Sie die Ursache des Schockgeschehens zu finden und zu beheben.

3 Lockern Sie die Kleidung Ihres Babys. Decken Sie es mit einem Laken zu.

VERBRENNUNGEN

Bei Verbrennungen durch Hitze verringert schnelles Handeln den Grad der Zerstörung von Haut und darunterliegendem Gewebe. Verätzungen durch Chemikalien schreiten langsamer fort und lassen Ihnen mehr Zeit zur Behandlung.

VERBRENNUNGEN DURCH HITZE

1 Bei örtlich begrenzten Verbrennungen halten Sie das betroffene Hautareal für mindestens 10 Minuten unter fließendes kaltes Wasser.

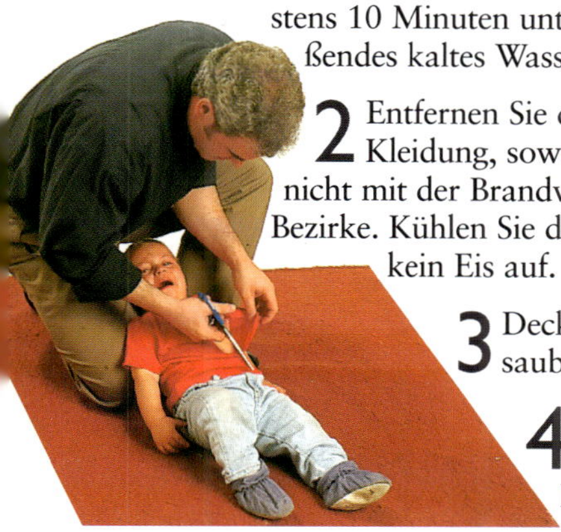

2 Entfernen Sie die Kleidung, soweit sie nicht mit der Brandwunde verklebt ist. Umschneiden Sie verklebte Bezirke. Kühlen Sie das Verbrennungsareal nochmals, aber legen Sie kein Eis auf.

3 Decken Sie die Verbrennung lose mit einem sauberen, fusselfreien Tuch ab.

4 Bringen Sie Ihr Kind ins Krankenhaus. Achten Sie auf Schockzeichen. Bei Bewußtseinsverlust s. S. 98–99.

ELEKTRISCHER STROM

1 Schieben Sie das Kind mit einem nichtleitenden Gegenstand (Besen, Stuhl, Kissen) von der Stromquelle weg.

2 Wenn es bei Bewußtsein ist, prüfen Sie das Ausmaß der Verbrennung. Bei örtlicher Begrenzung behandeln Sie wie bei der Hitzeverbrennung. Bei Bewußtseinsverlust s. S. 98–99.

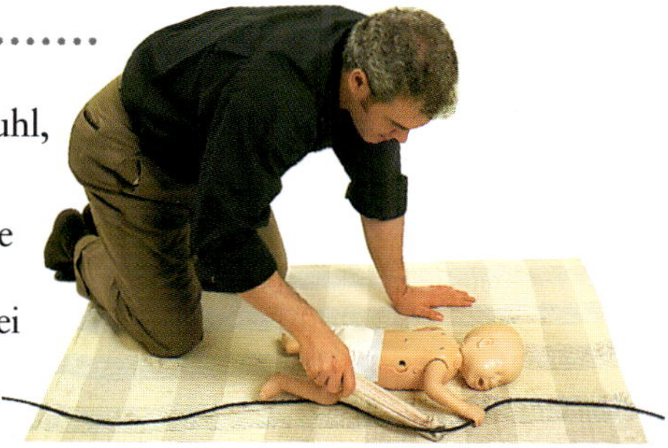

VERÄTZUNGEN

1 Schützen Sie Ihre Hände. Schneiden Sie die Kleidungsstücke auf.

2 Lassen Sie viel kaltes Wasser über das betroffene Gebiet laufen.

3 Bei Atemschwierigkeiten rufen Sie einen Krankenwagen.

4 Bedecken Sie die Verätzung mit einem sauberen, fusselfreien Tuch, bringen Sie das Kind ins Hospital.

CHEMIKALIEN IM AUGE

1 Schützen Sie Ihre Hände. Halten Sie Ihr Kind mit seitlich geneigtem Kopf und dem betroffenen Auge nach unten über ein Waschbecken, spülen Sie das Auge mit kaltem Wasser. Das Kind darf das Auge nicht berühren.

2 Decken Sie das Auge mit einem sterilen Verband ab, bringen Sie das Kind ins Krankenhaus.

Bruch & Verstauchung

Verstauchungen werden am besten mit Eisbeuteln oder kalten Umschlägen behandelt, um die Schwellung in Grenzen zu halten. Anschließend legt man einen stützenden Verband an. Unterschätzen Sie aber Verstauchungen nicht. Gehen Sie beim geringsten Zweifel über den Schweregrad mit Ihrem Kind zum Arzt oder ins Krankenhaus.

GEBROCHENE GLIEDMASSEN

Versuchen Sie, ein verletztes Glied so ruhig und bequem wie möglich zu schienen oder zu lagern, um Bewegungen und damit weitere Schmerzen zu vermeiden.

ARM ODER HANDGELENK

1 Legen Sie den Arm in ein Dreieckstuch (s. S. 110) und verknüpfen Sie die Enden im Nacken, so daß eine Schlinge entsteht.

2 Steht dies nicht zur Verfügung, befestigen Sie den Ärmel der Jacke oder des Stramplers Ihres Babys an der gegenüberliegenden Brustseite. Bringen Sie es ins Krankenhaus.

ELLBOGEN

1 Legen Sie den verletzten Arm quer über den Körper, aber versuchen Sie nicht, den Ellbogen zu beugen. Fixieren Sie den Oberarm gegen den Brustkorb und das Handgelenk gegen die Taille.

2 Rufen Sie einen Krankenwagen.

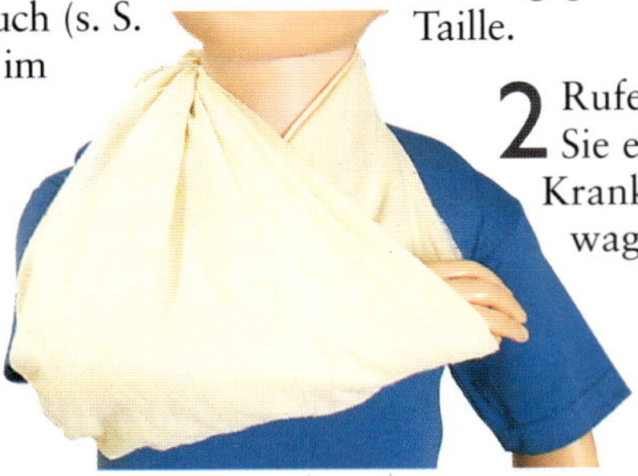

SCHLÜSSELBEIN

1 Legen Sie den Arm der betroffenen Seite auf die gegenüberliegende Schulter; unterstützen Sie den Ellbogen.

2 Bandagieren Sie den Oberarm mit einem Dreieckstuch (s. S. 110) an den Körper. Bringen Sie Ihr Kind ins Krankenhaus.

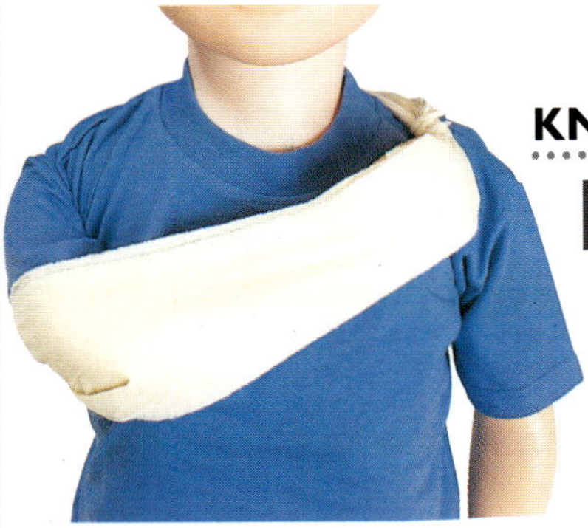

KNIE

1 Schieben Sie ein Kissen unter das verletzte Knie.

2 Schützen Sie das Knie mit einem weichen Tuch. Versuchen Sie nicht, das Kniegelenk zu strecken. Rufen Sie einen Krankenwagen.

KOPFVERLETZUNGEN

Bei Kopfverletzungen von Babys ist der Wechsel vom Wachzustand zur Bewußtlosigkeit mitunter abrupt. Dauernde Überwachung ist deshalb lebenswichtig.

Das Baby ist bei Bewußtsein:

1 Versorgen Sie die Wunde (siehe Blutungen, S. 102). Die Beule mit kalten Kompressen kühlen.

2 Achten Sie genau auf Verschlechterung des Zustands: Bei verschwommenem Sehen, Bewußtseinstrübung, ungewohnter Schläfrigkeit, Verwirrung, verlangsamter Atmung, unterschiedlicher Pupillenweite, erhöhter Temperatur rufen Sie einen Krankenwagen.

Das Baby ist kurz bewußtlos:

1 Rufen Sie einen Krankenwagen. Legen Sie das Baby hin, während Sie eine Verletzung versorgen.

2 Überwachen Sie das Baby sorgfältig, bis der Krankenwagen eintrifft.

Das Kind ist bewußtlos:

s. S. 98–99

FUSS

1 Lagern Sie den Fuß hoch. Kühlen Sie ihn mit einem Eisbeutel oder mit kalten Kompressen.

2 Bringen Sie Ihr Kind ins Krankenhaus.

BEIN ODER BECKEN

1 Polstern Sie das verletzte Bein auf beiden Seiten mit Decken oder Handtüchern ab. Decken Sie das Kind zu. Rufen Sie den Krankenwagen.

2 Wenn Hilfe weiter weg ist, können Sie das verletzte Bein schienen, indem Sie beide Beine an den Knöcheln mit Binden in Form einer 8 zusammenknüpfen. Einen weiteren Verband legen Sie um die Knie und – situationsabhängig – oberhalb der verletzten Stelle um die Beine (bei Beckenverletzungen binden Sie nur die Knie zusammen).

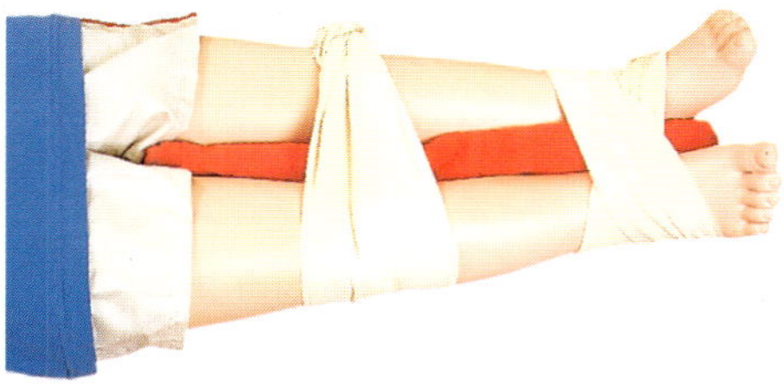

RÜCKEN UND HALS

1 Ist das Kind bei Bewußtsein, Krankenwagen rufen. Bewegen Sie ein Kind mit einer Rücken- oder Halsverletzung nur dann, wenn ihm sonst Gefahr droht.

2 Bei Bewußtlosigkeit s. S. 98–99. Achten Sie darauf, daß Kopf und Wirbelsäule in einer Achse liegen.

ERTRINKEN

Holen Sie Ihr Kind so schnell wie möglich aus dem Wasser. Halten Sie es so, daß sein Kopf nach unten hängt, damit das Wasser aus Lunge und/oder Magen herausfließen kann. Bringen Sie das Kind zur Untersuchung ins Krankenhaus, auch wenn es nicht bewußtlos war.

1 Wenn das Kind atmet und einen Puls hat, ziehen Sie ihm die nassen Kleider aus und wickeln es in etwas Warmes ein – in eine Decke, einen Mantel oder in trockene Handtücher. Halten Sie das Kind, wie auf Seite 97 gezeigt, und rufen Sie einen Krankenwagen.

2 Wenn das Kind bewußtlos ist, gehen Sie vor, wie auf S. 98–99 beschrieben, während idealerweise jemand anders den Notarzt ruft.

WANN HELFEN?

Sehen Sie ein Kind im Wasser in Not, springen Sie nur dann hinein, wenn Sie ungefährdet wirklich helfen können.

ERSTICKEN

Babys können ersticken, wenn ihre Atemwege (Mund, Nase, Luftröhre) verstopft sind, eine Last auf Brust oder Bauch die Atmung behindert oder wenn sie Rauch einatmen.

BLOCKIERTE ATEMWEGE

1 Entfernen Sie für die Atmung Hinderliches vom Kopf des Kindes.

2 Kontrollieren Sie Atemwege, Atmung und Kreislauf. Atmet es und hat einen Puls, nehmen Sie es auf den Arm, rufen Sie den Arzt.

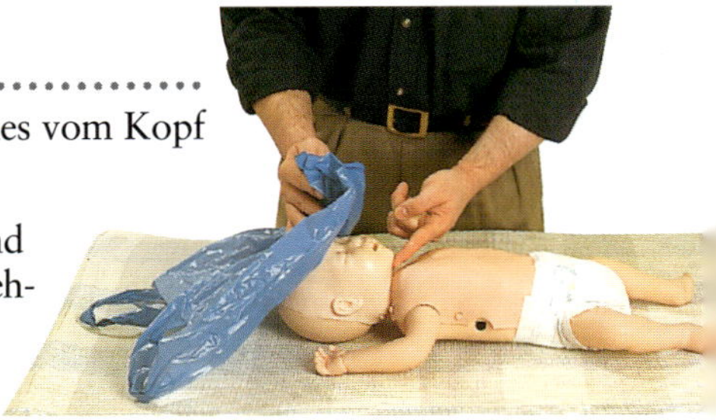

STRANGULIERTE ATEMWEGE

1 Entfernen Sie das Atemhindernis: Wenn das Kind daran aufgehängt ist, heben Sie es hoch, während Sie es losbinden oder das Hindernis abschneiden.

2 Wenn das Kind bei Bewußtsein ist, rufen Sie Ihren Arzt zu Hilfe. Andernfalls beginnen Sie mit Wiederbelebungsmaßnahmen, s. S. 98–99.

Vergiftungen

Wenn ein Kind etwas Giftiges schluckt oder einatmet, muß es rasch behandelt werden, damit möglichst wenig davon ins Blut gelangt. Rufen Sie unbedingt Ihren Arzt oder ein Krankenhaus an, wenn Sie wissen oder glauben, daß Ihr Kind Giftiges zu sich genommen hat. Lösen Sie Erbrechen nur auf ausdrückliche Anordnung eines Arztes aus. Geben Sie, wenn Sie um Rat fragen, stets an, wie alt und wie schwer Ihr Kind ist, was und wieviel wovon es eingenommen hat.

ALKOHOL

1 Wenn Ihr Kind erbricht, heben Sie das Erbrochene zur Untersuchung auf.

2 Wenn es einschläft, prüfen Sie, ob es aufgeweckt werden kann. Halten Sie eine Schüssel bereit, falls ihm übel wird.

3 Bei Bewußtlosigkeit beginnen Sie mit der Wiederbelebung, s. S. 98–99.

MEDIKAMENTE

1 Wenn Ihr Kind erbricht, heben Sie das Erbrochene zur Untersuchung auf.

2 Bei Bewußtlosigkeit beginnen Sie mit der Wiederbelebung, s. S. 98–99.

CHEMIKALIEN

1 Wischen Sie alle Reste der Substanz von Mund und Kinn ab. Entfernen Sie betroffene Kleidung.

2 Geben Sie dem Kind kleine Schlucke Wasser, aber lassen Sie es keine größere Menge trinken (Erbrechen kann unter Umständen mehr schaden als helfen).

3 Bei Bewußtlosigkeit s. S. 98–99.

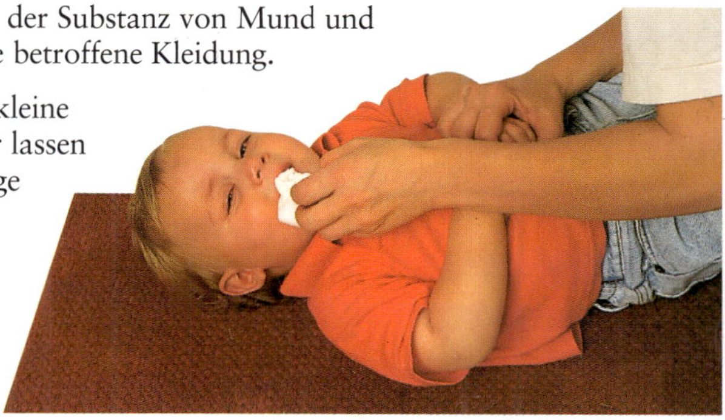

PFLANZEN

1 Inspizieren Sie den Mund Ihres Babys und entfernen Sie alle Pflanzenreste.

2 Bei Übergeben heben Sie das Erbrochene zur Untersuchung auf.

GIFTDÄMPFE

1 Bringen Sie Ihr Kind an die frische Luft.

2 Überprüfen Sie Atemwege, Atmung und Kreislauf (s. S. 98–99). Wenn es atmet und einen Puls hat, nehmen Sie es auf den Arm (s. S. 97) und rufen einen Krankenwagen.

ERSTE-HILFE-KOFFER

Sie können einen vorbereiteten Erste-Hilfe-Koffer in der Apotheke kaufen, sollten aber überprüfen, ob er ausreichend zur Behandlung wichtiger Notfälle ausgerüstet ist. Es empfiehlt sich, einen Erste-Hilfe-Koffer im Auto und einen zu Hause haben. Denken Sie daran, alles, was Sie herausnehmen, unverzüglich wieder zu ersetzen. Halten Sie zusätzlich ein Fläschchen Paracetamol-Saft vorrätig.

Unentbehrliche Utensilien

- Leukoplast
- Verschieden große Heftpflaster
- Zinksalbe
- Mulltupfer
- Elastische Binden (breit und schmal)
- Antiseptische Tinktur
- Fingerschiene
- Steriles Verbandszeug
- Dreieckstuch
- Sterile Augenbinde
- Hypoallergisches Pflasterband
- Sicherheitsnadeln
- Verbandsschere
- Pinzette

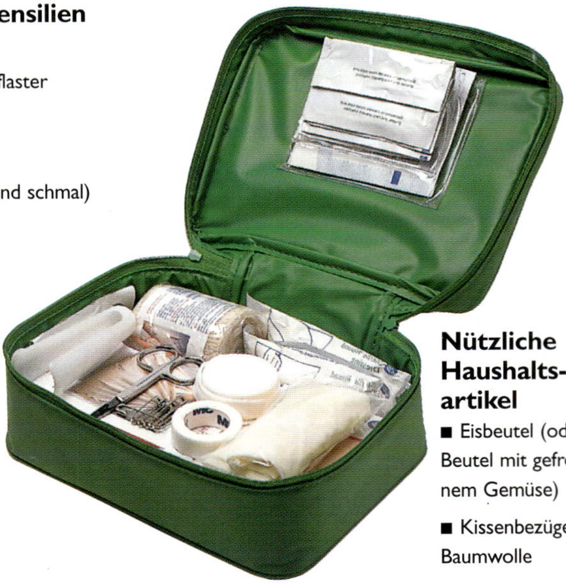

Nützliche Haushaltsartikel

- Eisbeutel (oder Beutel mit gefrorenem Gemüse)
- Kissenbezüge aus Baumwolle

DIE HOHE SCHLINGE

1 Legen Sie ein Dreieckstuch über den Arm Ihres Kindes, den langen Rand auf der verletzten Seite. Halten Sie die Ecke an der Schulter fest.

2 Schlagen Sie den langen Zipfel unter dem verletzten Arm ein.

3 Führen Sie das andere Ende um den Rücken des Kindes und verknoten Sie es an der Schulter. Schlagen Sie den überschüssigen Stoff am Ellbogen ein.

ARMTRAGETUCH

1 Legen Sie ein Dreieckstuch unter den verletzten Arm, mit dem langen Zipfel an der unverletzten Seite des Kindes.

2 Führen Sie die Spitze um den Hals herum auf die verletzte Seite.

3 Führen Sie das untere Ende zur Schulter und verknoten Sie es. Schlagen Sie den überschüssigen Stoff am Ellbogen ein.

Wichtige Daten

Tragen Sie auf dieser Seite wichtige Namen und Telefonnummern sowie Informationen zur medizinischen Vorgeschichte Ihres Babys ein, die für einen Arzt von Interesse sind. Vielleicht fragt er Sie auch nach dem Gewicht Ihres Babys; wiegen Sie es also regelmäßig (in den ersten sechs Monaten alle 14 Tage, danach einmal monatlich).

NOTRUF

ARZT

ZAHNARZT

APOTHEKE

ARBEITGEBER

BABYSITTER

TAGESSTÄTTE/KINDERMÄDCHEN

GROSSELTERN

FREUNDE/NACHBARN

MEDIZINISCHE VORGESCHICHTE

BLUTGRUPPE

ALLERGIEN

REAKTION AUF ANTIBIOTIKA

Register